レント・コーリング

21世紀衝動

新書版発刊に寄せて

サイレント・コーリング――。それは、私たちを見守り導《みちび》く、静かなる呼び声、沈黙《ちんもく》の呼びかけのことです。私たちの許《もと》に届《とど》くその呼びかけは、人生を意味あるものとして紡《つむ》ごうと、痛みに癒《いや》しを与え、混乱に秩序《ちつじょ》を、停滞《ていたい》に活性を導き、破壊の現実に新たな創造をもたらしてくれるものです。

本書を最初に刊行させていただいたのは、私たちが二十世紀の世紀末に身を置いていた一九九一年。その後、二十年近い時間が流れ、私たちを取り巻《ま》く世相《せそう》は大きく変貌《へんぼう》しているると言っても過言《かごん》ではありません。しかし、本書を通じて、世界に満ち満ちる呼びかけのことを読者にお伝えしたいと願った私の気持ちは、今も少しも変わることはありません。否《いな》、むしろその想いは以前にも増して、強く切実なものとなっています。

地球的な課題が山積《さんせき》し、価値観が錯綜《さくそう》混乱して、様々な意味で、人が生きてゆくこと自体が多くの困難《こんなん》を抱《かか》える今日《こんにち》、私たちが人生をよりよく生きるには、人間が本来抱《いだ》いている内なる叡智《えいち》を引き出すことが不可欠《ふかけつ》です。そして、その叡智を引き出す道こそ、世界の現象《げんしょう》に、またそれぞれの人生の現実の中に、宇宙の叡智の次元から届く精妙《せいみょう》な呼びかけを聴き、それに応《こた》えてゆく生き方にほかならないと私は考えています。

サイレント・コーリングに応えてゆくとき、何よりも私たちは、宇宙の摂理《せつり》、自然の理《ことわり》にかなった生き方を取り戻《もど》してゆくことになります。そして呼びかけに親しむことによって、私たちは、自分自身が決して孤独ではないことも知ることになるでしょう。たとえ、厳《きび》しい試練のときでも、失意のどん底にあっても、どんなときにも私たちを見守る存在があり、導こうとしている力があることを感じることができるからです。

読者の皆様が、もし本書をきっかけとして、この呼びかけの次元へ、サイレント・コーリングの世界へと実際に歩みを進めてくださるなら、それは望外《ぼうがい》の歓びです。そしてそれぞれの現実、それぞれの人生に響《ひび》く、かそけき声に耳を傾け、そこから真に豊かな人生を営《いとな》まれることを心より願ってやみません。

二〇一〇年三月

高橋佳子

はじめに

人が宇宙、自然の語る、声なき声を聴くことを忘れてから、どのくらい経《た》つでしょうか。私たちは今、都会の喧騒《けんそう》の中で、巨大な人工物の伽藍《がらん》に囲《かこ》まれて、宇宙、自然のかそけき声に耳を傾《かたむ》けることなどすっかり忘れています。裸足《はだし》で大地を踏《ふ》みしめ、そのぬくもりを感ずることもなく、太陽がいつ昇《のぼ》っていつ沈《しず》んだのかも知らず、空を見上げて星に眼を凝《こ》らし、何十億光年もの彼方《かなた》に想いを馳《は》せることもありません。

洪水《こうずい》のようにあふれる情報の波に流されて、本当に聴くべきものをまだ聴いていないような、見るべきものを見ていないような、何とも言えない焦燥《しょうそう》感と不完全感を覚《おぼ》えている人は少なくないように思います。

二十一世紀を目前に控《ひか》えて、私たちは今、何に耳を傾け、何を見なければならないのでしょうか。

かつて人間は、星の動向に覚者《かくしゃ》の誕生を知り、雲の流れや風の気配《けはい》に、天変地異《てんぺんちい》や収穫《しゅうかく》の時を知り、岩や樹々《きぎ》の沈黙の声に耳を澄まして宇宙の叡智《えいち》と交流しました。見えざるものを見、聴こえざる声を聴いて、未来を占《うらな》ったのです。

古今東西《ここんとうざい》にわたって、多くの宗教家や思想家、芸術家は、宇宙、自然との深い交流によって、その思想や作品を生んできました。

ホレブ山で神の声を聴き、十戒《じゅっかい》を授《さず》かったモーゼ。ガンジス河のほとり、菩提樹《ぼだいじゅ》の下で悟《さと》りを開いた釈尊《ブッダ》。四十日四十夜の沙漠《さばく》の彷徨《ほうこう》に目覚《めざ》めを得られたイエス。どんな寒い時も裸足で歩き、一昼夜《いっちゅうや》でもひとところに立ち尽《つ》くしては神秘《しんぴ》なる声（ダイモンの声）を聴いたギリシアのソクラテス。

また、「五大（地、水、火、風、空）に響《ひび》きあり」と説《と》いた真言宗《しんごんしゅう》の開祖《かいそ》空海《くうかい》は、熊野や室戸岬《むろとみさき》など、数多くの場所で、雷鳴《らいめい》などを聞くとともに、神秘的な体験を重ねています。ベートーヴェンの大作は、野や山や川のほとりをさまよい歩きながら生まれた調べです。フランスの思想家であるルソーが、すべての真実を一瞬にして悟ったのは、パリ郊外を歩いている時でした。シュヴァイツァーの胸に突然、今まで一度も考えたこともなかった「生命への畏敬《いけい》」という言葉が湧《わ》き上がってきたのは、コンゴ川を下る舟《ふね》の中であったと言います。

まるで天啓《てんけい》のようにインスピレーションが降《お》り、ヴィジョンが見えたり、悟りが得られたその瞬間、人は天と地を結ぶ存在《もの》になったかに見えます。雷が避雷針《ひらいしん》を通って大地へと走り抜《ぬ》けてゆくように、人は天来の響き《サイレント・コーリング》を聴く者となっているのです。

たとえば、釈尊が説いた慈悲《じひ》も、イエスが示した愛も、そのようにして人類にもたらされました。この二人の証《あか》した真理が、その後、二千年にもわたる人類の道行きをはっきりと方向づけたことは確かでしょう。この二人を持たない歴史など想像しようもないほど、後世の人々に多大な影響を及ぼしました。それほどに深く根源的な真理を孕《はら》む思想が、そのとき開示されたということでしょう。

そうした決定的で重大な瞬間、彼らは何も見えない虚空《こくう》に、満ち満ちる響きを聴いていました。岩や砂や大地が語る声なき声を聴いていました。それは、彼らが、自我意識を超えて、森羅万象《しんらばんしょう》、万生万物と一つに呼吸していたからでしょう。一切《いっさい》の奥に秘《ひ》められた宇宙の叡智と、確かに接触していたのです。

それればかりではありません。彼らは現実に出会い、触《ふ》れ合う人々の声を聴くことにおいても類稀《たぐいまれ》な感性を持っていました。

日々の出会いの中に響く、サイレント・コーリングを聴くことができたのです。現実こそ神秘なるものであり、応《こた》えるべき場であることを、誰《だれ》よりも知っていたのではないでしょうか。

　彼らに出会った人々は、癒《いや》され慰《なぐさ》められました。自分を愛せなかった人々が誇《ほこ》りを取り戻《もど》し、不自由な心は解《と》き放《はな》たれ、飢《う》え渇《かわ》いた心は、満たされていったのです。

　現代に生きる私たち一人ひとりにも、サイレント・コーリングは届《とど》いています。「人生の仕事」を呼びかけるその声に耳を傾ける時が来ているのです。

　科学の発達は、私たちに多くの希望と喜びをもたらすとともに、巨大な破壊力を持つ核《かく》兵器《へいき》を生み、人類自身の種《しゅ》の絶滅への不安と恐怖を招《まね》きました。止まることを知らない環境問題という痛ましい現実にも直面させています。

　一人の人間の影響力が、地球規模にまで拡大している今日ですが、日々、人や物とかかわり合い、働きかけて何かをつくり出し続けている私たち人間の意識は、果《は》たしてその得た力に見合うほどに成熟し、進化しているのでしょうか。残念ながら、否《いな》と言わなければならないでしょう。物質文明を繁栄《はんえい》させるために奔走《ほんそう》するあまり、人間自身の開発が置き去りにされてきた事実は、否定しようがないと思うのです。

　今日ほど、一人ひとりの目覚めが求められているときはありません。意識の覚醒《かくせい》、魂の覚醒に向けて時代は動こうとしているのです。

一切を記憶し、一切を知り、一切を見はるかす宇宙の叡智から、一人ひとりに届けられているサイレント・コーリング——。その響きに耳を傾けながら歩む道、今こその道を歩み始める時が来ています。一部の傑出《けっしゅつ》した覚者だけが目覚める時代は、もう過去のものです。平凡《へいぼん》な一人ひとりが呼びかけに応える時代が来ています。あなたが人生で立ち止まった疑問の中に、苦しみ悲しんだ痛みの中に、そして深くひきつけられた出来事の中に、すでに呼びかけは届いています。

あなたが応え始めるその時を、時代は待っているのです。

一九九一年七月

高橋佳子

目次

第二章　魅せられた人々　68

第三章　陰の支配者　117

第四章　進化する魂　174

第五章　新世紀衝動　229

第六章　創造の秘儀　294

おわりに 334

参考文献 347

第一章　サイレント・コーリング

太陽のヴィジョン

それは真《ま》っ赤《か》な太陽でした。ゆらめく巨大なその輪郭《りんかく》から、熟《じゅく》しきった光があふれています。私は一瞬、遠い異国の匂《にお》いを感じていました。

その日の講演を終えたとき、会場の奥の白い壁《かべ》に映《うつ》るように太陽が見えたのです。そして、海です。どこまでも限りなく広い海原《うなばら》が会場いっぱいに広がり、その太陽と重なっているのです。不思議に思われるかもしれませんが、それは現実の世界と同じくらい鮮明《せんめい》なヴィジョンとして私の眼前《がんぜん》に立ち現われたのです。会場の中に、このヴィジョンを送っている人がいる――。そう感じました。

私は壇《だん》を降《お》りて、白髪《はくはつ》の年配の男性の傍《かたわ》らに立ちました。

「お久しぶりです。

今、お話を終えたとき、ずっと赤い太陽が見えて、どなたかが私を呼んでいることがわかりました。あなただったんですね――。少しお話ししたいと思うんですが、よろしいですか」

何かに促《うなが》されるように、私はその方と話を始めました。

その出会いの中で明らかになったことをもとに、一人ひとりの人生に届《とど》いているサイレント・コーリングとはどのようなものであるかをお伝えしたいと思うのです。

この男性――大正八年、福岡に生まれた浜村忠之《はまむらただゆき》さん（仮名）は、戦中派の世代として、時代の変動が激しかった戦前、戦後を生き抜《ぬ》いてこられた方です。

幼《おさな》い頃に実母と死別し、その後軍人であった父親に厳《きび》しく育てられ、陸軍士官《しかん》学校に学びました。太平洋戦争中は大尉《たいい》として、フィリピンに従軍《じゅうぐん》した経験も持っています。戦後は三男一女の子どもたちが次々と生まれる中で、いくつもの職業の経験と共に、何度かの挫折《ざせつ》を味わってこられたのです。

現在七十二歳になる浜村さんは、かつて職業軍人であった頃をしのばせるように背筋をまっすぐに伸ばして、静かに座《すわ》っておられました。白髪に包《つつ》まれた柔和《にゅうわ》なお顔には、深い皺《しわ》が刻《きざ》まれ、ご苦労の数々と厳しかった人生の道のりがうかがえました。

浜村さんとは一年近く前にも、奥様と一緒に出会う機会がありました。

「以前、一度ご夫婦でお会いしたことがありましたね。覚《おぼ》えていらっしゃると思いますが、そのときご一緒に、人生のいくつかの転換の時期と魂に刻み込まれている願いについてお話をしました。今日は、その続きをしましょう。あの時のことをもう一度確かめながら、今日はもっと深く人生を辿《たど》ってみたいと思うのです。あなたにとって、とてもつらかったあの出来事……」

そう言い終わるよりも早く、浜村さんの心の底に忘れることのできない映像が流れ始めたのがわかりました。その静かな顔がかすかに翳《かげ》り、深い悔《く》いと遠い痛みの記憶が衝《つ》き上げてくるのを抑《おさ》えかねておられる様子が伝わってきたのです。

後悔の日々

あの出来事――。浜村さんが八年前から、一日も忘れたことのない出来事とは、期待を寄せ、手塩《てしお》にかけて育ててきたご長男の芳文《よしふみ》さん（仮名）の死のことです。

当時三十五歳だった芳文さんが癌《がん》に冒《おか》され、余命幾許《よめいいくばく》もないことを知ったのは、暑い夏の日の夜でした。「芳文が手遅れの癌？」。浜村さんは、受話器から聞こえてくる沈痛《ちんつう》な嫁《よめ》の言葉に耳を疑《うたが》いました。

数日前、東京の広告代理店で働いていた芳文さんが仕事中に倒れ、病院に担《かつ》ぎ込《こ》まれたという知らせを受けた時には、過労からの肝硬変《かんこうへん》だろうということでした。ところが詳《くわ》しい検査をしてみたところ、結腸《けっちょう》から始まった癌はすでに肝臓に転移《てんい》しており、手のつけられない状態で、あと二カ月がやっとだろうと告《つ》げられたのです。

「そんなことがあるはずがない！　何かの間違いだろう」

不意《ふい》をつかれた想いでした。体中の力が抜《ぬ》けてゆくような気がしました。けれども次の瞬間、忍《しの》び寄ってくる不吉《ふきつ》な予感をふり払《はら》うかのように、

「たとえそうだとしても、芳文は私が治《なお》してみせる。いや絶対に治す」

そう言い切ることで、やっとこの事態に向かい合おうとしていたのです。自分の姿勢にこそ運命がかかっているのだと、自ら希望をつくらずにはいられなかったのです。

「弱気になっては病気に負ける。絶対に大丈夫だという確信を持つこと。死ぬかもしれないなんて、これっぽっちも思っちゃいけない。たとえ末期の癌だって、治ると思えば治るんだ。やれるだけのことをやろう」

浜村さんは息子さんに最高の治療を受けさせてやろうと決意しました。そして治療のための手立てを考えると、即刻《そっこく》実行に移《うつ》したのです。

最低必要な不動産を残して、あとは一切治療費に充《あ》てる覚悟でした。癌に関する本を集めてもらっては、手当たり次第に読みました。奇跡的に癌が治癒《ちゆ》した実例を研究し、効《き》くと言われる薬はどんなに高価なものでも取り寄せました。漢方の名医と言われる人も探し出してもらい、交渉して西洋医学と並行して治療を進めることをお願いしました。最高峰《さいこうほう》の技術を誇る病院に入院の手続きを済《す》ませ、一日数万円という個室も用意しました。浜村さんは出来る限りの手立てを尽《つ》くし、絶対に治ると自分にも家族にも言い続けたのです。

けれども、入院してから二カ月。秋の気配《けはい》が漂《ただよ》い始めた九月の終わり、芳文さんは父親の両手をすりぬけるようにしてこの世を去りました。静かな旅立ちだったそうです。

若過ぎる死は、周囲に特別につらいものを残します。夫の面影《おもかげ》を感じさせる幼い二人の子どもたちを抱《かか》える奥様や、わが子が先立つ姿を見送らなければならないご両親の気持ちは、筆舌《ひつぜつ》に尽くしがたいものだったに違いありません。

それまでは、芳文さんの命の一点にひたすら焦点《しょうてん》することで、襲《おそ》いかかる悲しみにも負けず走り続けることのできた日々でしたが、その支《ささ》えがなくなって、それぞれは、失ったものの重さをずっしりと背負わなければならなくなったのです。

父親の忠之《ただゆき》さんにとっては、とりわけ自分の身を裂《さ》かれるような苦痛に満ちた喪失《そうしつ》体験でした。なぜなら、忠之さんの後半生における喜びも悲しみも、芳文さんとともにあったと言っても過言ではないほど深く影響し合った親子だったからです。息子さんの早逝《そうせい》は決定的な痛みとなり、時とともに浜村さんの人生の翳《かげ》りを濃《こ》くしていったのです。

疑《うたが》うことのできなかった流れ

この子を追い込《こ》んだのは私ではないか――。湧《わ》き上がってくる想いを、浜村さんは抑《おさ》えることができませんでした。幼《おさな》かった頃からの息子さんの姿と思い出が、次から次へと走《そう》馬灯《まとう》のように現われては消えてゆきました。

幼い頃から、あの子をスパルタ式にしつけてきた。勉強勉強と尻《しり》を叩《たた》いてきた。「他人《ひと》に負けるな」「W大K大以下は大学じゃないぞ」と言い続けてきた。芳文《よしふみ》にはどうしても、一流の人間になってほしかった。けれども、そのことであの子の心に枷《かせ》をはめたのではなかったか――。

親は、子どもという種子《しゅし》にとっての土壌《どじょう》です。良きにつけ悪《あ》しきにつけ、その土壌の養分も水分もいっぱいに吸収《きゅうしゅう》して育ってゆくものです。浜村さんは自分が息子に与《あた》えてしまった影響の大きさに愕然《がくぜん》としていました。

芳文さんは、九州の地方都市を出て東京の大学に行ってから、特に広告業界で働き始めてから亡《な》くなる一年ほど前まで、かつてとはまるで人が変わったようになっていました。大企業、マスコミ、銀座……と、彼の周囲には世間でスポットライトを浴《あ》びるものがすべて揃《そろ》っており、それを追うことに夢中《むちゅう》だったのです。典型的な企業戦士として、憑《つ》かれたようにナンバーワンを求める芳文さんでした。

たとえ人を押しのけてでも、自分を少しでも価値ある者、能力ある者に見せようと背伸びする姿には、家族も理解に苦しみました。「芳文は、どうしてこんなことになってしまったのか」。思わずそうつぶやいたことも数知れません。芳文さんが亡くなったのは、そんな生き方が、ようやく落ち着きを取り戻《もど》した矢先のことであっただけに、なおさら耐《た》えがたかったのです。

浜村さんが父親として自責《じせき》の念を感じずにはいられなかったのは、息子の生き急ぐような生き方、ナンバーワンになることだけに意味を感じて疾走《しっそう》するような生き方をつくったのは、他ならぬ自分だと思ったからです。何を大切にし、何を捨《す》て、何を選ぶべきかのものさしをつくってしまったのも、燃え尽《つ》きるように逝《ゆ》かせてしまったのも、この自分だったということです。

運命とは皮肉《ひにく》なものです。すでに浜村さんの中では、かつて疼《うず》いていた野心《やしん》は影《かげ》をひそめていました。火つけ役をした当の浜村さん自身は、ご長男を翻弄《ほんろう》した野心とは大きく異なる心境になっていたのです。

しかし、かつてはそうではありませんでした。軍隊時代にしみついたスパルタ式で子どもたちを厳《きび》しく、そして熱心に育てました。ことに長男の教育には特別な熱の入れようで、あたかも自分自身の本業《ほんぎょう》であるかのように打ち込んだのです。それはごく自然に、良かれと思ってやってきたことでした。疑《うたが》うことなど思いも及ばない流れでした。それ以外の接《せっ》し方など、考えようもなかったのです。なぜなら、浜村さんには、そうせずにはいられない理由《わけ》があったのです。

それを明らかにするためには、もっと過去に遡《さかのぼ》り、浜村さんと浜村さんの父親との関係、そして父親の人生をひもとかなければなりません。

夢《ゆめ》を託《たく》されて

浜村さんはなぜ、子どもに期待をかけ、厳《きび》しく教育する接《せっ》し方以外に考えられなかったのか。それは、浜村さん自身が全く同じように、厳しい父親から将来を期待されて育てられたからでした。

浜村さんの父親は、軍人としての出世《しゅっせ》を望《のぞ》んだ人でした。幼《おさな》い頃、貧《まず》しい家の子沢山《だくさん》だった実家から養子に出され、物心《ものごころ》ついた時にはすでに、軍人として身を立てることを求められていたのです。

本人も期待に沿《そ》う努力を重ねたようです。ところが軍人になってはじめて、士官《しかん》学校を出ていなければ士官にはなれないことを知ったのです。どんなに歯がゆい想いをしたことでしょうか。けれども負けず嫌《ぎら》いの彼は、一兵卒《いっぺいそつ》の場合の最高位であった大尉《たいい》にまでなることができました。

当時、そのようにして大尉になった人は全国でも数えるほどであったようです。それなのに自分の頭上《ずじょう》を士官学校卒の若い軍人たちは、いとも易々《やすやす》と飛び越えてゆくのです。これ以上の進級は望めないとわかっているだけに、晴らしようのない悔《くや》しさは日ごとに募《つの》ったことでしょう。

彼はこの無念さを、息子に期待することで埋《う》め合わせようとしました。

「いいか、忠之《ただゆき》。お前は絶対に士官学校に入れ。入らなければいかん」「陸軍大将になってくれ」。父親は幼い忠之さんに、呪文《じゅもん》のようにそう繰《く》り返したのです。そして、朝早くから息子をたたき起こし、自分といっしょに裸足《はだし》で走らせました。それを毎日続けたために、忠之さんは肺炎《はいえん》にかかったほどでした。それも、自分の夢と野心を実現させるためでした。忠之さんの夢の火つけ役は、父親だったのです。

それでも、浜村さんが、父親に対して恐《おそ》れる想いはあっても、反発よりは尊敬の念を抱《いだ》いたのは、父親がいつも変わらない一貫《いっかん》した態度で接してくれ、厳しい中にも強い愛情が感じられたからでした。浜村さんは、そんな父親が大好きでした。それゆえに、何とかその父親の想いに応《こた》えたいと思ったのです。

そんな浜村さんの想いに一層拍車《はくしゃ》をかけたのが、八歳になったときの実母との死別でした。胸の病にかかっていた母親は、誰《だれ》よりも優《やさ》しい印象を浜村さんに残しています。その母親に直接抱《だ》かれた記憶もないまま別れることになった浜村さんの胸には、それだけに埋《う》めようのない寂《さび》しさが残ったのです。そんな自分の心を満たしてくれたのは、父親の喜ぶ顔だけでした。

必死の努力の甲斐《かい》あって、浜村さんが陸軍士官学校に無事《ぶじ》合格したとき、父親は涙を流して喜んでくれました。浜村さんも嬉《うれ》しくて嬉しくてしかたがありませんでした。けれども、それからわずか一年九カ月後、父親は高齢にもかかわらず、支那事変《しなじへん》にあえて志願《しがん》して出征《しゅっせい》し、そこで戦死してしまうのです。公報《こうほう》の紙きれ一枚。戦死の知らせはそれだけ。あまりにもあっけない死でした。

突然のように父親の死を聞かされて、浜村さんは愕然《がくぜん》としました。絶対に揺《ゆ》らぐことなどないと思っていたものが、一挙《いっきょ》に崩《くず》れ落ちたような想いでした。

一体これからどうすればいいのか――。

彼は途方《とほう》に暮《く》れました。心棒《しんぼう》を失った彼に残されたのは、「陸軍大将になれ」という父親から託された夢だけでした。そのただ一つの夢を追いかけて、まっしぐらに突《つ》き進んだのです。

やがて浜村さんが、赤地に金三線、星一つの襟章《えりしょう》のついた国防色《こくぼうしょく》の士官服を着る日が来ます。士官服に身を包《つつ》み馬に乗って街《まち》の目抜き通りに立つと、人々の視線が一斉《いっせい》に彼に集まりました。

「百貨店の窓《まど》という窓からは、若い女の人の顔が覗《のぞ》いてな、建物が倒れるんじゃないかと思ったぞ」と自慢げに子どもたちに何度も語った晴れ舞台でした。

浜村さんはそのとき心の中で、「父《とう》さん見てくれ」と思わず叫《さけ》んでいたのです。

それは、父親から託された夢に手が届《とど》くように思えた、浜村さんの最も輝《かがや》かしい思い出のひとときでした。

見果《は》てぬ夢《ゆめ》を追って

しかし、輝《かがや》かしく誇《ほこ》らしい日々は、長くは続かなかったのです。まず戦地に赴《おもむ》いたとき、幼《おさな》い頃から抱《いだ》き続けてきた夢は、はかない幻《まぼろし》でしかなかったことを知りました。フィリピンでの戦争は、他の南方諸島と同じく激烈《げきれつ》をきわめ、生き残ることだけでも奇跡的な状態でした。輸送経路《けいろ》を断《た》たれた日本軍は、いつどこから敵が襲《おそ》ってくるかもわからないゲリラ戦に神経をすり減らし、慢性的な物資不足、食糧難《なん》に悩まされ、野ネズミを食べることもしばしばだったのです。

フィリピンで終戦を迎《むか》えた浜村さんが内地《ないち》に戻《もど》れたのは、それから半年後のことでした。神奈川県の浦賀《うらが》に着《つ》いたそのときの様子は、今でも忘れることはできません。送り出されるときに、はためいていた沢山《たくさん》の日の丸はもちろんのこと、称賛《しょうさん》のまなざしも歓呼《かんこ》の声もなく、殺風景《さっぷうけい》な波止場《はとば》の岸壁《がんぺき》が迎《むか》えてくれただけでした。浜村さんは、戦争に負けたみじめさを改めて味わっていました。

故郷に帰ると、その想いは一層強まりました。出迎《でむか》えてくれたのは、出征前に結婚した妻《つま》とわずかな身内だけで、自分がなめてきた辛酸《しんさん》に報《むく》いる言葉ひとつかけられなかったのです。人々はその日その日を暮《く》らすことで精いっぱいでした。

敗戦で、世の中は全く変わっていました。ことにかつて軍人だった人たちにとっては、厳《きび》しくつらい現実でした。

『世が世なら、しかるべき地位と立場について、御国《おくに》のお役に立てるエリートだったはずだ』。そう思っておられましたね」。私がそうたずねたとき、浜村さんは眉《まゆ》を曇《くも》らせ大きくうなずかれました。そしてしばらく、苦々《にがにが》しかった日々の思い出をやり過ごそうとするかのように眼を伏《ふ》せられたのです。

晴れがましい舞台に立ち、皆から一目置かれ期待された自分。しかし、その自分を続けようとしてもできなかったのが、戦後の浜村さんでした。

何度職を変えても、うまくゆきませんでした。今で言えばエビ煎餅《せんべい》のようなものをつくって、夫婦で小売店に売り歩いたこともありましたが、思うようには売れませんでした。紡績《ぼうせき》工場にも勤《つと》めてようやく落ち着いたかと思えば、会社の倒産でまた振り出しに戻《もど》るといった具合で、何かが噛《か》み合わなかったのです。

四十歳になって旅館業を営《いとな》むようになって生活が安定してからも、浜村さんは満足したわけではありません。「俺は旅館の主人などで終わる人間ではない」と家族に向かってその嘆《なげ》きを何度もぶつけたそうです。

敗戦によって夢は砕《くだ》かれても、その想いは生き続けていたからです。父親の期待に応《こた》えたかった自分。そして応えたあの時。士官《しかん》の軍服を着て街の大通りを馬に乗って進んだとき、人々の視線が自分に集まったあの晴れがましい感覚をどうしても忘れることができませんでした。浜村さんの充実感は、あくまでもあの時の再現でなければならなかったのです。

因縁《いんねん》は廻《めぐ》る

「亡《な》くなった息子さんも、きっと同じだったのでしょう。あなたの期待に応《こた》えたかったんですね。お父さんが喜んでくれることが一番嬉《うれ》しかったのではないでしょうか」

私は人生の繰《く》り返しについて、さらに話を続けました。

浜村さんはこの話の過程で、三代にわたって、見事なまでに映《うつ》し合い影響し合ってきた人生の型に眼をみはりました。そして同時に、こうした人生のパノラマを垣間《かいま》見たとき、何とも言いようのない想いに満たされたのです。

——自分が父親に応えずにはいられなかったように、長男もまた父親の自分に応えずにはいられなかったのだ。父親が自分に夢《ゆめ》を託《たく》し自分がその期待に応えたように、自分が息子に夢を預《あず》け息子はそれに応える。何の疑《うたが》いもなく繰り返してしまった。

ただただ前のめりになって人生を走っている最中に、どうしてこの繰り返しに気づくことができるだろう。人生のからくりに気づく術《すべ》もなく、盲目《もうもく》のままに、ひた走りに走っている自分たち人間の愚《おろ》かしさ、哀《かな》しさ、それでも懸命《けんめい》に生きようとする人間の愛《いと》しさ——。

かつて父親という「縁《えん》」によって人生をつくってきた浜村さん・「因」が、今度は自分が「縁」となって長男・「因」の人生に影を落としたのです。

三人とも、力を持てば安心が得られると思った。闘《たたか》いに勝てば栄光の道が開かれると思ったのです。自分の不足や未熟を補《おぎな》える確かそうなもの、圧迫した気持ちを持たなくて済《す》みそうなもの、それを得ることに必死になったのです。力の道を驀進《ばくしん》したのです。

人は変わっても、因と縁はとどまることなく連鎖《れんさ》するのです。因と縁の作用は、この親子三代だけではなく、どの人にも繰り返され輪廻《りんね》しています。「人間の業《ごう》（カルマ）」とし か言いようのない流れが、流れているのです。人間として生まれたならその流れに身を浸《ひた》さなければならない、誰《だれ》もが気づかずに呑《の》み込《こ》んでしまう業の水です。

それが繰り返されるのは、「非情の鉄則」としか言いようのないものが人生を貫《つらぬ》いているからです。

たとえどんな悲惨《ひさん》な境遇であっても、赤子《あかご》は無邪気に生まれてきます。どんな親であっても、親にすっかり身を委《ゆだ》ねて人生を始めます。親の色に染《そ》まり、すべてをただ引き受けることから、人生の一歩を始めるのです。無自覚にです。それが人間の誕生です。

人は生まれたら、その場所にあるもので自分の人生をつくることになります。両親の考え方や生き方は、順応するにせよ反発するにせよ、生きることの原点とも言うべき基準（モデル）となります。そしてすでに、そこにあった時代の価値観や、空気のように流れている常識を身につけざるを得ないのです。生まれたからには、自分の「生まれ」と「育ち」を背負ってゆかなければなりません。それがその後どんな人生を引き寄せてゆくかなど考える術《すべ》もなく――。

時代が価値ありとするもの、時代が認めるものを追いかけてゆくなら、時代が大きく変わった時、波間《なみま》に揺《ゆ》れる木《こ》の葉のように、わけもなく翻弄《ほんろう》されてしまうでしょう。いくら最先端を走ったとしても、時代そのものが流れを変えたなら、取り残される側《がわ》にならざるを得ません。けれども人は、多くの人々が志向している方向を疑《うたが》うことはできず、その流れに逆《さか》らうことなど考えられないのです。

この鉄則の下で巡《めぐ》る因縁にもてあそばれながら織《お》りなされてゆくのが人生です。この事実は、一つ一つの人生がいかに弱く、いかに脆《もろ》いものであるかを教えてくれます。

しかし一方、このようなからくりを承知で人が人生を始めるということに、私は人間の尊厳《そんげん》の深さを見る想いがするのです。

浜村さんの人生は波乱に満ちていますが、同時代を生きた人々にとっては、「ああ、私もそうだった」とうなずかれるような人生ではないでしょうか。さほど特別ではない人生かもしれません。しかし、その人生を織りなしてきた一本一本の糸を見つめてゆくとき、私は驚嘆《きょうたん》せざるを得ないのです。

一見平凡《へいぼん》な一人の人生にすら、計《はか》り知れないほど厖大《ぼうだい》な業の流れが、時代から、社会から、遠い先祖から流れ込んでいることを思い知らされるからです。そして今も、無数に織りなされ続けている人生という織物《おりもの》に対して、深く手を合わさずにはいられない気持ちになるのです。浜村さんの人生もまた、そのような感慨《かんがい》を私に呼び起こすものでした。

絶望と祈りの中から

葬儀《そうぎ》が終わった数日後、浜村さんは遺品《いひん》の整理をしていました。そして、息子さんが入院中に書き綴《つづ》っていた日記を手にとって読み始めました。ところがあるページまで来ると胸がつまって、もうそれ以上先には読み進めなくなったのです。そこには次のような言葉が記《しる》されていました。

昨日は父に感謝して泣いた。

私は小さい頃から今とは違う父親像を描《えが》いていた。

父の軍人時代を私は知らない。しかし父からは軍人になれと教えられてきた気がする。もちろん軍隊はないのだから、この世界のリーダーとして生きて行《ゆ》けということであったはずだ。

そこに私の苦しさも生じていた。常に良い成績でエリートコースを走るべきだと教えられていた。それが挫折《ざせつ》した父が私に託《たく》した夢《ゆめ》だったのだろう。

私はそんな能力もなく、ただひたすら、そのつもりで演技をして生きてきた。病院に入院する日まで、そのライフスタイルで生きてきた気がする。

浜村さんは芳文《よしふみ》さんに対して、ひと言《こと》も「軍人になれ」と言ったことはなかったのです。それなのに、彼はあたかも自分に流れ込《こ》んできた因縁《いんねん》に気づいたかのような言葉を遺《のこ》していました。あたかも、祖父と父親の間、そして父親と自分に繰《く》り返されてきた「人間の業《ごう》」を最後に伝えようとしたかのようでした。

亡《な》くなる少し前に、彼はこんなことを家族に向かって呟《つぶや》いていました。

「お父さんがずっと恐《こわ》かった。恐くてしかたがなかった。七年くらい前、お父さんの言うことが変わって『出世《しゅっせ》のことばかり考えるな。もっと伸び伸びとやりたいことをやれ』って言ってくれたでしょう。だけど信じられなかった。本心から言っているって信じられなかった。でも本当だったんだね。

やっとわかった。お父さんは本当に変わったんだなって。もうお父さんのことが恐くなくなった。本当に嬉《うれ》しい……」

そして日記には、こう結んでありました。

これからはもっと自由に豊かに生きよう。

その事《こと》を父が一番喜んでくれるという自信があるから。

もうエリートはいらない。

自分の人生をいっしょうけんめい、それぞれが頑張《がんば》るだけのこと。

今知りたいのは、現世《げんせ》での目標だ。（S57・8・30）

浜村さんは慟哭《どうこく》しました。そして亡くなる間際《まぎわ》に、長男の言った言葉が同時に蘇《よみがえ》ってきました。

「僕《ぼく》、頑張ったんだよ。お父さんは知らないかもしれないけど、認められるようになったんだよ――」

浜村さんは取り返しのつかないことをしたと自分を責《せ》め、心の中で何度も何度も長男に詫《わ》びました。

それは手に触《ふ》れることもままならない、変えようのない事実として、彼の人生に横たわり続けるものでした。残された因縁のさざ波が、浜村さんの心にひたひたと、寄せては返し寄せては返していました。

気づかなかったとはいえ、自分の託した夢と自分の心の空洞《くうどう》が、長男の人生にどれほど深い影を落とし大きな歪《ひず》みを与えていたか、そのことを考えない日はありませんでした。深い後悔が、浜村さんの心を覆《おお》い尽《つ》くしたのです。

ミサミスの太陽

浜村さんにとって、父親から子へ、子から孫へと流れ込《こ》んでいった野心《やしん》の輪廻《りんね》の引き金を引いたきっかけは、敗戦の事実でした。彼に忘れがたい夢《ゆめ》を与《あた》えたのも戦争なら、その夢を奪《うば》ったのもこの同じ戦争でした。

しかし、浜村さんにとってこの戦争は、もう一つの意味を呼びかけるものだったのです。その意味は話の途中でひときわ強いイメージを伴《ともな》って伝えられてきた一つの言葉から、思いがけなくも解《と》き明かされていったのです。それは、戦争中に浜村さんが遭遇《そうぐう》したある出来事をさし示す言葉であったことが、やがてわかってゆきました。

――ミサミス。

「ミサミスという場所で、浜村さんに大きな出来事が起こっていますね」

浜村さんは深くうなずかれました。

「……それは……村の名前です。フィリピンの……。

太平洋戦争のとき駐屯《ちゅうとん》していた場所です。確かに、不思議なことがありました」

そしてその時のことを遠い記憶の糸をたぐり寄せながら、一言一言、確かめるように話してくださったのです。

その頃すでに、フィリピンでの日本軍はゲリラ戦に苦しんでいました。この日は、戦死した味方の隊員の弔《とむら》い合戦だったのです。浜村さんは中隊長としてその指揮の任《にん》に当たっていました。暑い日でした。青い海がどこまでも広がり、水平線はゆるやかに弧《こ》を描《えが》き、灼熱《しゃくねつ》の太陽がぎらぎらと輝《かがや》いていました。真《ま》っ赤《か》な太陽、水平線、そして広々とした海。私が講演を終えた時に見た太陽のヴィジョンは、このフィリピンでのものだったのです。

浜村さんたちは、その日、五、六十人の現地人を捕虜《ほりょ》として捕《とら》えました。捕虜はいわば仇《かたき》です。捕虜を引き連《つ》れて本部の方に戻《もど》る途中で、その中の一人を何人かの部下が取り囲《かこ》んでこづき始めたのです。

その男は、どうもリーダーのようでした。見ると、すでに男の額《ひたい》は銃《じゅう》の柄《え》で割《わ》られていて、眉間《みけん》からかなりの血が流れています。

「こいつが殺したんだ」「やってしまえ」。罵声《ばせい》は大きくなり、部下たちはますます憎《にく》しみを募《つの》らせてゆく様子です。このまま放置したら、なぶり殺しになるのは必至《ひっし》でした。

そして部下の一人が、もう一度なぐろうと銃を振り上げたそのとき――。親兄弟が、捕虜としてなぶり殺されたと知ったら、さぞ悲しむだろうに……）
（この青年は自分と同じくらいの年なんだろう。

との想いが浜村さんの脳裏《のうり》をかすめ、続いて、思いもよらない映像が色鮮《あざ》やかに眼の前をよぎったのです。それは、お釈迦《しゃか》さまの誕生をお祝《いわ》いする花祭りの様子でした。おじいちゃん、おばあちゃんに連れられて、生まれ故郷の古寺で甘茶をもらったときの幼《おさな》い日のことが突如《とつじょ》として蘇《よみがえ》ってきたのです。胸を締《し》めつけられるような、懐《なつ》しく温《あたた》かい思い出でした。

「やめーっ！」

口からそう言葉が出ていました。突然、そう言わされたような感じだったそうです。部下が銃を振り上げ、下ろそうとしたほんの一瞬の出来事です。一秒の十分の一にも満たない時間の中で想いが巡り、花祭りの思い出がよぎり、そして思わず浜村さんは叫《さけ》んでいたのです。

「やめーっ、縄解《なわと》け！　衛生兵《えいせいへい》呼べ！」

考えられない変更でした。浜村さんは自分で言いながら自分でもあっけにとられていました。

　そんな命令は、当時の日本軍では全く考えられないものだったようです。弔い合戦の日のことですから、なおさらでしょう。けれども、なぜかそうしてしまった。一切《いっさい》の常識を吹き飛ばすような衝動《しょうどう》でした。

　しかも捕虜を上官に引き渡す段になって、浜村さんはなるべく穏便《おんびん》に処理して欲しいという意見まで添《そ》えて報告したのです。上官の命令には絶対服従が原則の軍隊です。それだけに覚悟《かくご》を要《よう》することだったでしょう。

　まして報告をする相手の部隊長とは、日頃から折り合いが悪かったのです。普段は、浜村さんが「右」と言えば「左」、「左」と言えば必ず「右」と言うような険悪《けんあく》な間柄《あいだがら》でした。当然、悶着《もんちゃく》が起こるかと思いきや、どういうわけかそのときだけは、この上官はそのままそれを受け入れてくれたのです。捕虜はそれで釈放《しゃくほう》ということになりました。

　仲間を助けられたことによって印象が全く変わってしまったのか、その日から現地の村人たちの日本兵に対する対応が手の平を返したように一変《いっぺん》したと言います。果物《くだもの》などの食料をさかんに差し入れしてくれるようになったのです。そのことでどれほど助かったかわかりません。捕虜を助けた果報《かほう》があったと、浜村さんも内心苦笑《くしょう》したのです。しかしその出来事の本当の果報が明らかになったのは、ずっと後のことでした。

そんな不思議な体験の印象も、厳《きび》しい戦況《せんきょう》の中では薄《うす》れてゆきます。一日一日を生き延《の》びることが精いっぱいになってゆくと、やがてすっかり忘れ去られ、そして終戦の時を迎《むか》えたのです。

本当の果報《かほう》は何であったのか

浜村さんが終戦後、半年余《あま》りかかって戻《もど》った故国日本は、戦前とは全く異なる待遇《たいぐう》で彼を迎《むか》えました。敗戦は浜村さんから出世という未来を奪《うば》ったばかりでなく、過去の誉《ほま》れ、浜村さん自身の拠《よ》りどころをも奪うものでした。

世の中は全く変わっていました。かつては誇《ほこ》らしく華《はな》やかだった軍人の姿は、見る影もありませんでした。ことに士官《しかん》は公職追放令によって、就職さえおぼつかない状態になっていたのです。

そしてようやく家族のもとへ帰りついた頃、さらに追い打ちをかけるように、今度は戦《せん》犯《ぱん》の裁判が始まりました。同期の友人や先輩たちは、次々に捕虜虐殺《ほりょぎゃくさつ》のかどでMP（アメリカ軍の憲兵《けんぺい》）に連行《れんこう》されました。裁判で死刑を宣告《せんこく》された人も少なくなかったのです。

讃《たた》えられた昨日の英雄も、今日は一転して罪人《ざいにん》として捕《とら》えられ、人々の責《せ》めのまなざしに裁《さば》かれました。ほんの少し前には、罪の意識もなく、いえ使命感すら覚《おぼ》えて、次々と敵《てき》を倒した「勇者」が、今では良心の呵責《かしゃく》に怯《おび》えながら断罪《だんざい》されるのを待つわけです。正義や善などの価値観の地図は、すっかり塗《ぬ》り変えられてしまったのです。

浜村さんにとっても、自分の仲間が、一人また一人と連行されてゆくのを知らされるのは、たとえようもない苦痛です。自分の番を待たされているようで、戦々恐々《せんせんきょうきょう》とする日々でした。突然ジープに乗ったMPが自分を連《つ》れに来る夢《ゆめ》にうなされ、大きな叫《さけ》び声をあげて飛び起きることも幾度かあったそうです。

そんなある日、友人の一人からこういう話を聞いたのです。

「浜村がフィリピンで助けた現地の男は、実はあの村の有力者の息子で、あそこのゲリラの隊長だったんだそうだ。アメリカ軍が日本兵のことを調査しに来たとき、『日本兵は優《やさ》しかった。捕虜を助けてくれた』と言ったというんだ。浜村、お前助かったな」

浜付さんは血の気がスーッと引いてゆくのを感じました。

（ああ、あのとき、あの男を救ってやったのは俺《おれ》だと思っていた。だけどそうじゃなかった。助けられたのは自分の方だったんだ。本当の果報はこれだったのではないか――）

フィリピンでの不思議な出来事が自分を救っていたことを知った浜村さんは、それから折にふれて「俺の命はもらった命だ。だから何かをしなくちゃならん」と奥様におっしゃっていたそうです。

救ってもらった命は何をするために与《あた》えられたのだろう……。

疼《うず》くような想いをいつもどこかに抱《いだ》きながら、疼きの正体がわからぬままに戦後を生きてこられたのです。

魂の感覚のよみがえり

話が人生の核心《かくしん》に触《ふ》れてゆくにつれて、浜村さんがミサミスで体験した不思議な出来事には、肉体的な命を救ったという以上の果報《かほう》があったことが明らかになってゆきました。そこにはさらに、魂の秘密に関わる深遠《しんえん》な呼びかけが届《とど》いていたのです。

私はこう告《つ》げました。

「浜村さんは、なぜあのとき、あんな状況の中で部下の行動を制《せい》して捕虜《ほりょ》を助けてしまったのでしょう。味方を殺した敵《てき》なのだから殺しても当たり前という空気だったのにね。また、なぜあのとき花祭りの思い出が蘇《よみがえ》ってきたのでしょうか。

普段は対立してばかりいた上官に対して、どうしてわざわざ問題の火種《ひだね》になるような上《じょう》申《しん》をしてまでも助けようとしたのでしょう。前途《ぜんと》に傷《きず》がつくかもしれなかったのに……。

そして、なぜそのときに限って、その上官がすんなり同意を示したのでしょうか。

普段だったらあり得ないことが同時に起こった、不思議な出来事でしたね。

あのときあなたを促《うなが》した説明のできない衝動《しょうどう》、あれは本当に大切な経験でした。人間は普段は、『先に知る者』ではなく『後に知る者』です。けれども、あのときのあなたは『後に知る者』ではなく、なぜか『先に知る者』になっていました。あのときあなたが感じていた感覚は、魂の感覚だったんですよ」

魂の感覚――。私たちの中には、日頃の意識では気づいていなくても、ずっと深いところで何かを感じている自分があります。魂の感覚とはその自分の感覚のことです。眼の前に見ている現実が、眼に見えるだけのことを超えて、ずっと深い意味のある呼びかけであることを感じる感覚です。そして深い心の底から衝《つ》き上げてくる疼《うず》きをはっきりと感じる感覚です。

そのときなぜか、浜村さんの中でこの感覚が開いたのです。

だから、あの時、部下が捕虜をなぶり殺しにするのを見過ごすことの方がずっと楽な状況に置かれていたにもかかわらず、そうしなかったのでしょう。弔《とむら》い合戦という大義《たいぎ》と名《めい》目《もく》もあり、憎《にく》しみのままに敵をいためつけ、苦しめ、報復の情熱に身を任《まか》せることの方が、あの流れの中では自然と言えば自然だったのに、それを選ばなかった――。人間にとって、その場の空気に逆《さか》らうことはなかなかできることではないのに、それを押し止《とど》めたのです。

彼があのときこの新しい感覚を体験したこと、そしてそれを人生からの呼びかけとして受けていたこと自体が最大の果報だったと私は思うのです。

けれども当時、彼はこの出来事が何であったか、一体何を呼びかけているのか、はっきりとさせることはできませんでした。もちろん、なぜあの感覚が自分の中に湧《わ》き上がったのかもわかりませんでした。

戦後になって「自分の命は与えられた命だから、何かしなくてはならない」と思い続けてきたのは、その呼びかけを感じていた魂の疼きでもありました。

けれども残念なことに、彼はそれをどこかで感じつつも、息子さんを亡《な》くすという強い絶望感に揺《ゆ》さぶられるまで、その疼きの本質に迫《せま》ることができなかったのです。

そうさせてしまったものは、敗戦時の「喪失《そうしつ》」へのこだわりであり、「ナンバーワン」

を求めずにはいられなかった野心《やしん》でした。時代の転換の中で、陸軍士官《しかん》としての輝《かがや》かしい自分を喪失したためにつくられた、埋《う》めようのない空洞《くうどう》と戦後の日々のむなしさが、魂の感性を鈍《にぶ》らせてしまったのです。

そして、かけがえのない息子を失ったときに、浜村さんは自分がもっと前に新しく生まれ変わるべきだったことを知ったのです。そうすれば、息子にも自分の夢《ゆめ》や野心をいたずらに注入せずにもすんだはずだったと悔《く》いたのです。自分の行く手を阻《はば》み、未来の可能性を狭《せば》めてゆくものは、自分自身の中にこそあったということです。何とも切なく残念なことではないでしょうか。

遥《はる》かな過去の記憶——インカの太陽

フィリピンでの不思議な出来事は、実は長男の芳文《よしふみ》さんの死と、深いところでつながっていたのです。

あの呼びかけ——。

浜村さんの命を救ったあの事件は、実はもっと遥かな過去からの呼びかけであったのです。それは思い出す術《すべ》のなかった、遠い過去に生をもった時の魂の記憶に由来《ゆらい》することです。

生き通しの魂は、過去の記憶を確かに刻《きざ》みつけます。その時の記憶がひもとかれることによって、なぜあのときあのような判断を下《くだ》し行動を起こしたのか、また、人生において味わった多くの苦しみにはどんな意味があったのか、それらがうす紙を一枚一枚剝《は》ぐように明らかになったのです。

向かい合っている浜村さんの魂に刻まれていた遥かな過去の記憶が、様々なヴィジョンを伴《ともな》って、私の中に流れ込《こ》んできました。それは魂に刻まれていた遥かな過去の記憶でした。

それは、たとえるなら、あたかもシャボン玉のようです。小さな風景が見えたかと思うと、みるみる大きくなって、はじけるように消えてゆく。それがいくつも同時に見えるのです。シャボン玉がぶどうの房《ふさ》のように連《つら》なっている感じとでも言いましょうか。匂《にお》いや感触、言葉や音を伴うときもあります。時間的にも、突然過去に遡《さかのぼ》ったり、何十年も飛んだりします。

この世界では矛盾《むじゅん》でしかないことも、意識の世界では矛盾なく起こるのです。夢《ゆめ》の中で似たようなことを体験した人もあるでしょう。いずれにしても、言葉ではなかなか表現しがたい経験です。

その時、まず最初に感じられたのは、高い山の気配《けはい》でした。ひんやりとした空気、大きな岩を積み上げた建物、人と人とが激しく争う様子、大地に流れる血……。

同時に感じられたのは、何とも言えない無念さと悲しみでした。身をよじるような激《はげ》しく深い後悔が、浜村さんの魂から伝わってきたのです。そして彼は意識の底《そこ》に強く刻んでいた想いを、魂の言葉（異言《いげん》）で迸《ほとばし》るように語り出したのです。


王が道を誤《あやま》り、自分たちもみな誤った。

守るべきものと手放すべきものを間違った。

先にすべきことと後に回すことを間違えた。

そのために、多くの民が殺されていった。

そんなことは全く考えていなかった。

否《いな》、心のどこかにその恐《おそ》れはあった。

もしかすると、大変なことになるかもしれない。

でも、それを心で打ち消していた。

言われるままに従って、何も言わなかった。

しかし、元々彼らを利用などできなかったのだ。

そんな相手ではなかった。

取り返しがつかない。しかし、もう後には戻《もど》れない。

王も捕《つか》まった。みんな捕まった。

そうなる前に思い切って進言《しんげん》していれば……。

見えなかった。わからなかった。

あのとき立ち止まっていれば……。


そこには後悔と憤《いきどお》り、そして慚愧《ざんき》の切々とした情念が渦巻《うずま》いていました。

この人がインカ帝国（現在のペルーのあたり）の隆盛《りゅうせい》から滅亡《めつぼう》への時期に生き、そこで生起《せいき》したことをつぶさに眼にした人であることがわかりました。

「浜村さんは、インカという所にいた貴族だったようです。しかし、スペイン人のピサロが攻《せ》め入って、あっという間にあなたの国は支配されてしまった。あなた方はみな、捕虜《ほりょ》になったんです。結局は殺されてしまうのですが、そのときにあなたの眼に映《うつ》っていたのが真紅《しんく》の太陽だったんですね」

沈《しず》みゆくインカの赤い太陽――講演会場に映った太陽の、もう一つの姿でした。

黄金文明の黄昏《たそがれ》

浜村さんの魂から私が感じ、そこに伝わってきた遥《はる》か昔の出来事は、永遠の生命として歩んでこられた道のりのひとこまでした。

この出会いの後、私は浜村さんが語った言葉や、その場の中で浮かんだヴィジョン、人の名前、聞き慣れぬ土地の名前などを手がかりに、インカ帝国の滅亡《めつぼう》時のことを調べてみました。

すると、そこからさらに、浜村さんの魂の願いに深く関わることが明らかになっていったのです。そして、人間という存在自身が抱《かか》える光と闇《やみ》について、様々なことを感じさせられたのです。

当時、インカには二人の王が立って争い、親類縁者や貴族を味方に引き連《つ》れて二派に分かれ、骨肉《こつにく》の争いを繰《く》り返していました。百年以上も続いてきたインカの支配体制に影が射《さ》し始め、大きく揺《ゆ》らぎ始めた時代でした。

ピサロら二百名足らずのスペイン人の軍隊が入ってきたのは、その頃です。彼らは内乱に乗《じょう》じて侵略《しんりゃく》を進めようとしました。インカの先住民であるインディオたちの間に古くから伝わる「ビラコチャ」という神話も利用したのです。ビラコチャとは、インディオたちのためにやがて戻《もど》ってくるとされた、白い創造神のことです。

インディオたちは、白いスペイン人が光を発《はっ》する銃を使いこなすのを見て、「ビラコチャ」かもしれないと思いました。そのためにインディオは、侵略者であるスペイン人を疑《うたが》うどころか、従属《じゅうぞく》しなければならない相手だと思い込《こ》んでしまったのです。二人の王は互いに争《あらそ》うあまり、そのすきを狙《ねら》われて殺されてしまいます。彼らは、まさかインカ帝国が滅亡に瀕《ひん》するなどとは考えも及びませんでした。

浜村さんがかつて仕《つか》えた王とは、その後、ピサロが傀儡《かいらい》として立てた皇帝だったようです。その皇帝もはじめの頃は、自分を擁立《ようりつ》したピサロに協力していました。正統であるはずの自分に、皇帝の座を取り戻《もど》してくれたからでしょう。そしてスペイン人をビラコチャとして扱い、彼らへの協力を命じさえしていたのです。そのためにインディオたちは、スペイン人の意図に気づきようもなかったのです。彼もまた、二人の王と同じように、自分たちの帝国がすでに滅亡しつつある事実に全く気づいていなかったと思われます。

王たちがみな執心《しゅうしん》したのは、皇帝としての権威の獲得でした。そこには王としての国全体に対する責任も、民衆一人ひとりの将来を思う心もありませんでした。さらに、王に媚《こ》びへつらう家臣《かしん》たちが横行し、誠実な人々は隅《すみ》に追いやられていったのです。

皇帝が事の次第に気がついて、ピサロに対して反乱を起こした時は、もう後の祭りでした。すでに帝国の力は解体されており、「ビラコチャ」とみなされているものに対する戦意など奮《ふる》い立ちようもなかったのです。わずかな抵抗の後、彼も殺されてしまいました。

過去世《かこせ》の浜村さんは、そうしたインカの衰亡《すいぼう》の一部始終を見ていたのです。

スペイン人に対して反乱を起こした人々は捕《とら》えられ、多くの貴族や女官が殺されました。彼もその中にいました。そして囚《とら》われの身となって、彼ははじめて自分が国の存亡《そんぼう》にかかわる重大な局面を通り過ぎていたことを悟ったのです。見逃《のが》してきた過失の大きさをそこで悔《く》い嘆《なげ》きました。

彼が味わった想いが、いかに鮮烈なものであったかは、私に伝わってきた恐怖と後悔と苦悶《くもん》の激しさによってよくわかりました。

彼らを早く追放しなければ大変なことになると進言した者たちもあったのに、自分はたかをくっていた。むしろ抑《おさ》えこんでいた方だ。なぜだろうか。自分は権力の座に昇《のぼ》りつめることばかり考えていた。もっと力が欲しかった。逆らうことなど考えもしなかった。「どこか違う。何か違う」と思いながら、そのまま流されてしまった。王や周囲の者たちに同調するだけだった――。

浜村さんの魂は、せめてそのときの経験のすべてを刻印《こくいん》し、真実を見失ってしまう痛ましい人間の姿をありありと焼きつけようとしたのです。

最後に彼は、渾身《こんしん》の勇気をふり絞《しぼ》って囚われていた人たちを逃《にが》そうとしたのですが、時すでに遅《おそ》く、スペイン人の追っ手が迫《せま》り、彼らは再び捕えられて、捕虜《ほりょ》として殺されてしまったのです。

彼が最後に見たもの。それは欲に溺《おぼ》れて敵と味方を見誤《みあやま》る人間の哀《かな》しみであり、何が真実で何が真実でないかがわからなくなって、選ぶべきものを選ばず、捨《す》てるべきものを捨てなかった人間の弱さ、愚《おろ》かしさであり、そして文明の黄昏と共にあった赤い太陽でした。

超世《ちょうせ》の呼びかけ

インカの時代に捕虜《ほりょ》として死を迎《むか》えた魂が、日本人として再び生《せい》を持ち、フィリピンを支配しようと出かけて行き、現地人の捕虜を殺そうとしたとき、しかし、思いとどまりました。なぜか幼い頃の花祭りの光景が蘇《よみがえ》り、説明のつかない情動に動かされて「違う！」と思ったからです。

かつて周囲の空気に流されて痛恨《つうこん》の悔《く》いを残した魂が、今度は周囲の空気を突《つ》き抜《ぬ》けた行動をとったのです。前世の最後に刻《きざ》んだ、忘れることのできない無念さと悔恨《かいこん》が、次の生において捕虜を殺しかけた彼を思いとどまらせたのです。インカに生まれ、父母のもと、インカの貴族としての肉体と意識をもって、その空気を吸い、その時代、その場所の習慣や見方、考え方、価値観に染《そ》まり、そこで受けとった欲望に衝《つ》き動かされて生きた時間が深い後悔を魂に残し、未来への願いとなったのです。

その魂が再び地上に生を持つとすれば、当然そのような過去世《かこせ》と切り離せるものではないでしょう。

新たな両親の下《もと》で新たな環境に身を投《とう》じ、新たな名前、新たな容姿《ようし》、新たな資質をもって、新たな人生を生き始めても、魂に刻まれていた願いは消えることがありません。その願いは疼《うず》きとなって、新しい人生のここそこで見え隠《かく》れすることになるのです。

魂の内からあふれんばかりになっていた願い――この人生でこそ、あの悔恨の情を償《つぐな》おう。この環境、この魂たちとの出会いだから、あの無念さを繰《く》り返すようなことはすまい。今度こそ大勢《たいせい》の過《あやま》ちに同調することなく、時の流れに流されることなく、大切なものを摑《つか》みたい。どんな状況の中でも、何が真実で何が真実でないか、大切なものとそうでないものとを見極めるまなざしを持ちたい。

後悔から生じたそのような動機、そのような願いをもって始まったのが、この日本での浜村さんの人生だったのではないでしょうか。それが時空《じくう》を超えて人生を貫《つらぬ》くテーマというものです。誰《だれ》もがそうした超世の願いを抱《いだ》いて生まれてきているのです。

ミサミスの光輝《かがや》く太陽の下で見た不思議な映像が呼びかけたことも、思いがけなく浜村さんに与《あた》えられた寿命《じゅみょう》も、消しようのない超世の願いが引き寄せたと思える事件ではなかったでしょうか。

そして、これは後日わかったことなのですが、日本軍は南方諸島で、かつてスペインがインカのインディオたちにしたことと全く同じことをしていたのです。

当時、南方諸島では「カーゴ・カルト」（積荷崇拝《つみにすうはい》）という運動が展開されていました。それはヨーロッパの占領《せんりょう》に苦しんだ現地の部族たちが展開した運動で、やがて自分たちを救いに神様がやってくるに違いないと信じていたのです。

カーゴとは積荷のことです。先住民たちは、白人たちが船でやってきたように、やがて神様も船に乗って、自分たちを救いにやってくると考えたのです。

その時、南方諸島に上陸したのが日本軍でした。日本軍は、「われわれこそカーゴの神様で、あなたたちを救済《きゅうさい》するためにやってきたのだ」と伝説を利用したようです。スペイン軍がビラコチャの伝説を利用したのと全く同じではありませんか。浜村さんは、インカの時とは逆の侵略者の側《がわ》に生まれてきたのです。何と不思議な因縁《いんねん》でしょうか。

あるときは被害者の立場に立っているかと思えば、あるときは加害者の側に立つ。人間とは、誰《だれ》もが完全な聖人《せいじん》でも罪人《ざいにん》でもあり得ない存在です。浜村さんは今生《こんじょう》においても、父親からナンバーワンの生き方を与えられた側でありながら、次には息子さんに同じものを注入した側に立ちました。そこには、光と闇《やみ》の間を揺《ゆ》れ動きながら、誰もが他を傷つけると同時に、その人のために自分を与えることもする。深い矛盾《むじゅん》と哀《かな》しみと、そして光を背負った人間の姿があるように思えてなりません。

そして、浜村さんにとって最《もっと》も悲痛な出来事となった芳文《よしふみ》さんの死が、その人生全体に託《たく》された意味を受けとるための呼びかけとして結びついていったことも、人間と人生の深い罪と聖性《せいせい》を思い起こさずにはいないでしょう。彼の死が問いかけたものは浜村さんが息子さんに注いでしまった生き方を見直すことであり、自分の人生を引き回していた人間社会の業《ごう》の流れに向き合うことでした。そしてその深い掘り下げの弛《たゆ》みない歩みこそが、彼自身の新生を求める遥かな願いにつながっていったのです。

織《お》りなされる人生

人生を織りなす喜びと悲しみ、光と影《かげ》――。「山」と「谷」の交錯《こうさく》する人生において、新しいものが生まれたり人生そのものが深められたりするのは、いつも「谷」の時期にほかなりません。「谷」とは失敗、挫折《ざせつ》、病、痛手《いたで》、別離《べつり》、孤独などが訪《おとず》れた時期です。

この「人生の谷」にこそ新しい自己への鍵《かぎ》が隠《かく》されています。見たくない自分、思い出したくない出来事、最《もっと》も苦しくつらかった時期、その「谷」が深く険《けわ》しいものであればあるほど、そこには人生全体への呼びかけが絶《た》え間なく届《とど》くのです。人生を全く変貌《へんぼう》させてしまう契機《けいき》が潜《ひそ》んでいるのです。

しかし、喜びや充実、成功や称賛《しょうさん》にみちた「山」の時期のことなら、私たちは何度も何度も味わうように思い出してみるのに、「谷」の時期は一向《いっこう》に思い出したくないものです。痛みやすさみ、汚《よご》れや歪《ひず》みが澱《おり》のように溜《たま》っているからです。他人のせいにできるならば、他人を恨《うら》んで済《す》ませようともするでしょう。つらくて痛い反芻《はんすう》は、できれば退《しりぞ》けようとするのが普通です。

そんな心を励《はげ》まして、その「谷」に向かい合い、語り合う。何度もその「谷」に降りてゆき、そこで身をひそめて見つめ続ける。するとその暗がりの中にも、豊かな陰影《いんえい》を与える光が射《さ》し込《こ》んでいることがわかるのです。

その影の中で人生そのものが教師となって、私たちを導《みちび》き始めるのです。そういう歩みの中で人は、私たちの人生が無意味な織物《おりもの》ではなく、偶然に生まれ、ただ生きて、いたずらに死んでゆくのではないことを本当に知ることになります。そして、人生を超える願いと業《ごう》が織りなすテーマにも導かれてゆくのです。

考えてみるなら、私たちはものごとがうまくいっている時に、人生を振り返ったり、自分の未熟や不足に想いを馳《は》せたりするでしょうか。幸福感に満たされ、有頂天《うちょうてん》になっている時に、今もどこかに苦しんでいる人がいることを肌身《はだみ》に沁《し》みる実感として忘れないでいられるでしょうか。成功街道をまっしぐらに驀進《ばくしん》している時には、悲しいかな、本当のことが見えなくなってしまう私たちがいるように思うのです。

苦しみや悲しみの中でこそ見えるものがあり、出会える真実があるのではないでしょうか。それは、人生において大切な宝です。悲しみの中でこそ、人は自分の未熟さや弱さを知ることができます。差し出された人の手の温《あたた》かさや優《やさ》しさも身に沁みて感ずることができるのです。

浜村さんは、最も険しく翳《かげ》りの深い「人生の谷」に向かい合う反芻の日々を重ねました。その経《へ》巡《めぐ》りの中で、長男の死という耐《た》えがたい苦しみから逃《のが》れたかった浜村さんの心が砕《くだ》かれ、それを見つめるつらさに身をさらすことによって、そこから逃げ出したかった想いが、やがて人間の哀《かな》しみや愛《いと》おしさを思う気持ちに変わりました。そして、その長男の死を、できうるならば自分の人生をもって供養《くよう》したいという心境も訪れたのです。

その道のりには、辿《たど》った本人にしかわからない、言うに言えぬ苦しみもあったでしょう。けれども一方、重い鎖《くさり》から解《と》き放《はな》たれてゆく深い歓《よろこ》びもあったに違いありません。

自分を動かしていたものが一体何であったのか。それがどのようにして流れ込んできたのか。人々を翻弄《ほんろう》する人間の業や時代の業に対して、どう応《こた》えればよいのかと何度も自問《じもん》した日々だったでしょう。

そして何にも増して大切だったのは、それをきっかけにして浜村さんが魂の存在として、この人生で果《は》たそうと誓《ちか》った願いに近づいていったことでした。

それは、耐《た》えがたい苦痛に向かい合った芳文《よしふみ》さんが、死を通して自分に遺言《ゆいごん》として残してくれたことだと、浜村さんは思っています。亡《な》くなっていった者と今生きている者。この両者の隔《へだ》たりに唯一《ゆいいつ》かける橋があるとするならば、それはあたかも聖火の灯《ひ》を絶《た》やさぬように走るランナーのように、眼には見えない願いのバトンを受け取って生きることではないでしょうか。

今生きている自分の中に「彼」がいる——。人生を分かち合った一人ひとりの中に、「彼」は生きている。

浜村さんは今、ぐんと重みを増した人生を感じながら、この人生で自分が本当に果たさなければならない仕事を求め始めたのです。

息子さんが病気になり、妻子《さいし》を残し「人生の仕事」を志半《こころざしなか》ばにして亡くなったことは、浜村さんやご家族にとって、ずっと心の痛みとして刻《きざ》まれることです。そのことに変わりはありません。

これからも芳文さんの死は、浜村さんや遺《のこ》された人々に語りかけ続けるに違いありません。それぞれの人生の中で、さらに新しい呼びかけを伴《ともな》って、蘇《よみがえ》り続けることと思うのです。

人間の業《ごう》、時代の業を引き受ける魂

人間とは、何という壮大《そうだい》なドラマを背負った存在でしょう。人の一生は、どんなに凡庸《ぼんよう》に見えようとも、実に偉大です。それでいて深い闇《やみ》を内に抱《かか》える存在です。輝《かがや》かしい光と底《そこ》知れぬ深い闇の双方《そうほう》を合わせ持ちながら、人生という神秘な道を歩み続けている不可思議《ふかしぎ》な存在、それが人間なのです。

それなのに私たちは長い間、自分自身をあまりにも小さく限定された存在としてとらえてきたのではないでしょうか。そのようなリアリティ・現実感が、どれだけ人間の可能性を閉《と》ざしてきたことかと思います。

浜村さんの人生によってひもとかれたことは、一人だけの問題ではありません。その人生が教えることは、私たちの人生にもそのまま通ずることです。浜村さんが、かつて一つの時代と人生をインカで経験した魂として、超世《ちょうせ》のテーマをもって生まれてきたように、皆同じように、かつて様々な時代、様々な人生を深く魂に刻印《こくいん》してきているのです。

その意味で、彼の転生《てんしょう》の歩みには、私たちにも強く深く語りかけてくるものがあります。

インカの遺跡《いせき》、アンデス文明は、沢山《たくさん》の人々に親しまれてきました。その神秘的な謎《なぞ》の多くは、現代人のロマンティックな夢《ゆめ》を駆《か》り立てています。築城《ちくじょう》技術、ナスカの地上絵、脳外科手術などをはじめとして、多くのすぐれた叡智《えいち》の結晶《けっしょう》を持っており、高い精神文明の象徴《しょうちょう》となっています。

しかし、その文明がわずかな期間に脆《もろ》くも崩《くず》れ去る、その崩壊《ほうかい》のさなかに動いていたものは何だったのでしょう。それは、切ないまでの人間の愚《おろ》かさや浅はかさ、そして人間の哀《かな》しい性《さが》の押し止《とど》めることもできない流れでした。

人間が出現したその当初から、自我への執着《しゅうちゃく》、自己保存と自己顕示《けんじ》のためにあらゆる努力を注《そそ》ぐという人間の業は存在していました。それは、人間が人間である以上、宿命的に背負わざるを得ない業とも言えます。その業が様々な形の争《あらそ》いを引き起こしてきたのです。他の誰《だれ》よりも上に立つことを憑《つ》かれたように求める権力者の意識の流れが、巨大な意識の場をつくり、周囲の人間を巻《ま》き込《こ》んで、やがて怒濤《どとう》のような流れをつくり、すべてを呑《の》み尽《つ》くす――。そういう時代の例も数知れずありました。

そしてこのようなとき、周囲の人間たちもまた、悲しいかな単なる被害者ではなく、自ら知らぬ間にそれに同調するものとなって追いうちをかけるように、破壊《はかい》の流れに加担《かたん》しているのです。それだけに、名も知れぬ一人ひとりの魂のもち得る可能性や責任こそが、今、問われていると感じられるのです。

かつて繁栄《はんえい》を極《きわ》めながら滅《ほろ》びた文明の多くが、その終末には同じ様相《ようそう》を呈《てい》しているのは偶然《ぐうぜん》でしょうか。海中《かいちゅう》に沈《しず》んだアトランティス文明の滅亡《めつぼう》、旧約聖書に記《しる》されたソドムとゴモラの都、そしてローマ帝国の滅亡は、皆同じ徴候《ちょうこう》とプロセスを辿《たど》ったように私には感じられるのです。

権力者の腐敗《ふはい》と独《ひと》りよがりな信念の数々、権威や物に対する並外《なみはず》れた執着《しゅうちゃく》、生命の軽視、蔑視《べっし》。それと呼応《こおう》する民衆の刹那《せつな》的、快楽的な生活。そして無責任、無関心を極める依存的な体質。何が真実で何が真実でないかが皆目《かいもく》わからなくなってしまう人間の盲目性《もうもくせい》。

どんなに繁栄《はんえい》を誇《ほこ》っていても、自ら滅亡していった文明の終末には、人間の最《もっと》も醜悪《しゅうあく》で未熟な面が露《あら》わになり、誠実な魂が数多く傷つき損《そこ》なわれていました。

私たちの現代社会も無縁《むえん》ではありません。同じような徴候をいくつも抱《いだ》いているからです。

私たち一人ひとりがこの時代に生きているという事実は、こうした「呼びかけ」と切り離すことはできません。私たちは皆、かつて遠い過去においても同じ痛みを共有しているのです。だからこそ、それぞれが何度も抱いた「後悔」を再び繰《く》り返すことのないように、一隅《いちぐう》を照《て》らしつつ歩まなければならないのではないでしょうか。

芳文《よしふみ》さんが企業戦士として闘《たたか》って傷つき、倒れていったように、経済戦争は日々繰り広げられ、ますます激しいものとなりつつあります。競争社会の中で交通戦争も受験戦争も多くの犠牲者を生んでいます。自然環境への侵略《しんりゃく》もそうした中で起きていることです。

今世界は、私たち一人ひとりの目覚《めざ》めを本当に必要としているように思うのです。

サイレント・コーリング——人生は自業《じごう》を呼びかける

一人の人間がこの世に生を享《う》け、人生を歩むというこの当たり前の現実の中にも、計《はか》り知れないほどの神秘と不可思議《ふかしぎ》が隠《かく》されていることに、改めて胸打たれる想いがするのは私一人でしょうか。

そして、何よりの神秘とは、どんな人生も宇宙にただ一度しか立ち現われない一回生起《いっかいせいき》のかけがえのない人生であるということです。この広大な宇宙を見渡しても、古今東西《ここんとうざい》のどこにも、自分と全く同じ人生を歩む人は誰《だれ》もいません。当然と言えば当然かもしれませんが、私はその大いなるはからいに、何とも形容しきれない尊《とうと》さを覚《おぼ》えるのです。

浜村さんが生まれたのが、もしこの時代でなかったら、人生の道筋は全く違ったものとなったでしょう。あの父親、そしてあの母親の下《もと》に生まれなかったら、もし父親の夢《ゆめ》の挫《ざ》折《せっ》がなければ、敗戦がなければ、息子さんを癌《がん》で亡《な》くすことがなければ……。

どれ一つ欠けても、彼が歩んだ人生を一変《いっぺん》させてしまうような条件ばかりです。幼《おさな》くして亡くなった実母への慕情《ぼじょう》、自分に対して厳《きび》しさの中にも溺愛《できあい》にも近い愛情を潜《ひそ》ませていた父親の姿、その父親に切《せつ》ないほど懸命《けんめい》に応《こた》えんとした想い、軍人への憧《あこが》れ、敗戦が呼んだ挫折感《ざせつかん》、やり場のない憤《いきどお》り、焦燥感《しょうそうかん》、そして子どもの将来への期待、子どもとの別離《べつり》、哀《かな》しみ、そして深い後悔――。

たとえ今、世界に五十億余りの人が暮《く》らしていようとも、それらのすべてを胸に刻《きざ》んできたのは、他ならぬ浜村さんただ一人です。そしてそのような「オンリーワン」の痕跡《こんせき》の中にこそ、浜村さんの本当の人生の秘密《ひみつ》があるのです。痕跡を重ねてきた、たった一人のその人であるからこそ感じられることがあり、果《は》たせるはたらきがあり、なし遂《と》げることのできる仕事があります。浜村忠之《ただゆき》という人生の窓《まど》を通して、はじめて見える真実というものがあるのです。

人間には、その人だけが宇宙の中で引き受けるいのちの流れがあるということです。そのいのちの流れを私は「自業」と呼んできました。どんな人にもその人にしか引き受けられない「自業」があり、その人にしか応えられない「自業」がある――。それはあなたの人生が時空《じくう》を超える超世《ちょうせ》のテーマ、果たさずにはいられない切なる願いと分かちがたく結びついているということです。人間は誰もが、自業を抱《いだ》いて人生の道を歩む永遠の旅人なのです。

人生に次から次へと訪《おとず》れる出来事は、一見何の脈絡《みゃくらく》もなく偶然《ぐうぜん》に降《ふ》りかかってきたかに見えます。けれども、その出来事をつないでいる一本の糸が透《す》けて見えてくるときがあるのです。魂の願いという一筋の糸です。

そしてよくよく見つめるなら、実は魂の願いというこの一本の糸こそ、私たちの人生に様々な出来事を引き寄せていたものの正体であったこともわかってくるのです。魂の願いとは、まるで磁石《じしゃく》のように様々なものを引き寄せるものに他なりません。

つまり、人生に訪れてくる出来事とは、魂の願いを浮《う》き彫《ぼ》りにし、成就《じょうじゅ》させせんとする呼びかけ以外の何ものでもないということです。

人生とは一人ひとりの魂に目的と使命を呼びかけるサイレント・コーリングに満ち満ちているのです。魂の耳を澄まして、その「声なき声」に耳を傾《かたむ》ける時が来ているのではないでしょうか。

自分の人生を押しつけられたものとしてではなく、自ら選びとったものとして引き受けて歩み始めたときに、魂の願いは自《おの》ずから姿を現わすでしょう。それは、あなたにだけ届《とど》いているサイレント・コーリングを聴く時なのです。

第二章　魅せられた人々

誰《だれ》にも疼《うず》きがある

一人ひとりの人生の背景には永遠の織物《おりもの》のようなドラマが横たわっているにもかかわらず、現代に生きる私たちは目先のことに対する反応を繰《く》り返し、何とせわしない日々を送っていることかと思います。

しかしどこかで、私たちは知っています。はっきりとは表現できなくても、自分の人生がそれだけではないことを、本当は知っているのです。

「何か違う、何かおかしい」
「このまま、こんな毎日を続けていいのだろうか」
「今までやったことのないことをしてみたい」
「自分を変えてみたい」

こういう想いを誰もが持ったことがあるでしょう。今の現実がすべてではないという想い。さしたる理由がなくても覚《おぼ》える、強い違和感。疼きのような感覚。

しかし大抵は、そう思っても何もせずにやり過ごしてきたのではないでしょうか。何かをしなくては、と手近な関心を追い求めて、あれもこれもと首を突《つ》っこんだり、現実のしがらみの中で忘れてしまったり、そして結局はどうせできないと諦《あきら》めてきてしまった人の方が多かったはずです。

でも、たとえそうであったとしても、そういう疼きを誰もが持ったことがあるという事実の方がずっと重要だと私には思えるのです。なぜなら、それこそが一人ひとりの人生には目的があり、人生の本当の仕事（使命）があることの呼びかけであり、証《あかし》だからです。

昨年、全国各地に講演に出かけた折にも、私は同じことを感じました。

「皆さんは、こんな気持ちになったことがありませんか。『今のままではいけない。新しい自分になりたい。本当の仕事をしたい』。何か胸の奥から湧《わ》いてくるように、そう感じたことのある方、どうか挙手《きょしゅ》をお願いできますか」

講演の中で聴衆《ちょうしゅう》に問いかけたとき、その度《たび》に会場中のほとんどの手が挙《あ》がったことに改めて驚《おどろ》いたのです。多くの人々から、一斉《いっせい》に同じ疼きを表明された想いでした。

忘れてしまっていたあの想い、無視してしまったあの動機、立ち消えになってしまったあの意志……。それらが瞬時《しゅんじ》に蘇《よみがえ》って、一人ひとりの中で改めて鼓動《こどう》を打ち始めた。まさにそんな感じでした。

自分の気まぐれでも思いつきでもなかった。大切な意味のあるものだった。しかも、自分一人だけの頼りないものではなかった。沢山《たくさん》の人たちと、実はつながっていたのだ——。

そんな気配《けはい》が、どの会場でも一瞬《いっしゅん》にしてたちこめたのです。

それは一人ひとりの疼きにとどまらない。人間として生きているなら誰もが共通して持っている、忘れることのできない願い。本当の自分、人生を貫《つらぬ》く本当の仕事を探し求める疼き。

どんなに平和でも豊かでも、本当の自分に巡《めぐ》り合っていなければ、人は満たされません。どんなに地位、名誉を得、財産を成そうとも「人生の仕事」に辿《たど》り着《つ》いていなければ、私たちは安らぎを見出《みいだ》すことができないのです。心のどこかでむなしさを感じてしまうのです。人間はそうできているからです。

先日、長年ニューヨークで貿易関係の事業をされてきた四十代後半の男性から、こんな話を聞きました。

同年輩のアメリカ人の友人で弁護士をしてきた方が、突然それまでのすべてを捨《す》てて中国へ渡ってしまったと言うのです。この方は、若い頃から非常に優秀で、交友関係も広く、社会的にも多方面で活躍してこられた方なのだそうです。それがこの頃急に「ほしいと思うものはすべて手に入れた。けれども何かむなしくてたまらない」と言い出し、何のあてもないまま中国へ渡ってしまったというのです。このようなケースは決して稀《まれ》ではありません。

漠然《ばくせん》とした不安感のようなものでも、ささいな違和感でも、訪《おとず》れた出来事の中で感じた痛みでも、本当の自分、本当の仕事に私たちを導《みちび》こうとする疼きがある。それは、すべての人に届《とど》いているサイレント・コーリングなのです。

このところ、ブームの観《かん》さえある転職も、会社への帰属意識の変化だけでは説明できないものでしょう。本当に大切なものを与《あた》えてくれる仕事を、心のどこかで探し求めていることの現われのようにも思えるのです。外界の様々な刺激の騒音《そうおん》レベルは、ますます高まっている時代ですが、その一方で、人々が自分の内なる声や内なる疼きに、応《こた》え始める時が熟《じゅく》しているのではないでしょうか。

未知との遭遇《そうぐう》

「これが知りたかったんだ。これは本当のことなんだ――」

映画『未知との遭遇』のラスト近く、主人公の男性はそうつぶやきます。

ご存じの方も多いと思いますが、この映画はUFO《ユーフォー》で飛来《ひらい》した地球外生命と人間の出会いを題材にしたSF映画です。それは、偶然《ぐうぜん》UFOに接近遭遇《せっきんそうぐう》した一人の平凡《へいぼん》な男性が、宇宙人との「接触」の場所と方法の暗号を知らされることから始まる物語です。この「接触」に主人公が人生ごと巻《ま》き込《こ》まれてゆく様《さま》がその中心です。映画は当時、関心を呼び始めたUFO熱も手伝って、大変な反響を呼びました。

しかし、この映画は、UFO映画であっても、ただのUFO映画ではなかったと思うのです。少なくとも私にとっては、この映画は「使命の物語」でした。そして、『未知との遭遇』が多くの人々の共感を受けた本当の理由も、実はそこにあったのではないでしょうか。

一度、真実の世界――自分が赴《おもむ》かなければならない場所を覗《のぞ》いてしまったら、そこに近づいてゆかずにはいられない。自分の中にある「疼《うず》き」を感じながら、まるでそこに磁力《じりょく》でも働いているかのように、何かに引っぱられるように道を歩み、見えない使命をだんだん形にしてゆく。つまり本当の自分に目覚《めざ》め、本当の仕事をなし遂《と》げてゆく物語。

そういう「使命の物語」が通奏低音《つうそうていおん》のように鳴《な》り響《ひび》いていたからこそ、多くの人々の心をとらえたように思えるのです。使命の物語は、人間の心の奥底に遥《はる》かな郷愁《きょうしゅう》を呼びさまさずにはおかない根源的な力をもっているのです。

それまでの人生とは一見、何の脈絡《みゃくらく》もなく起こった事件から、主人公の人生は一変《いっぺん》しました。UFOとの遭遇で強烈なインパクトを受けたとき、彼は接触地である小さな山型のデビルズ・タワーのヴィジョンを吹き込まれます。

それからと言うもの、その形が脳裏《のうり》から離れなくなり、何を見てもそのヴィジョンがあふれそうになります。彼は、それを何とか外に表現しようとして苦しむのです。

朝、ヒゲを剃《そ》ろうと手に取ったシェービングクリームの泡《あわ》を見た途端《とたん》に、我《われ》を忘れてその泡を山の形にしたり、ベッドの枕《まくら》に山の形を見つけて見入ってしまったり、食事中にポテトサラダを皿に盛《も》るや否《いな》や、夢中になって山の形をつくり始めたり、彼の中にあふれてくるものを表わさないではいられないのです。

思い出せそうで思い出せない、確かに見たはずの大切な夢《ゆめ》を必死になって思い出そうとするときのようなもどかしさ。ほんの刹那《せつな》だけ蘇《よみがえ》った遠い記憶をとどめようとするのに、摑《つか》もうとすると幻《まぼろし》のように消えてしまう歯がゆさ。胸をかすめた思い出をどうしても定着できない苛立《いらだ》たしさ——。あれは蜃気楼《しんきろう》だったのか。いや確かに見たはずだった。けれども取り出すことができない——。

主人公の彼は、庭にあった植木を引き抜き、スコップで土砂《どしゃ》を掘り起こし、道端《みちばた》のゴミ容器まで持ってきて、すべてを部屋に投げ入れ、雑然とした部屋の中で全く憑《つ》かれたように一心不乱に、居間いっぱいのデビルズ・タワーをつくり上げます。

ところが、彼の中で起こっていることをわかってくれる人はいません。妻《つま》も子どもたちも、彼を理解できないのです。人が変わったように訳《わけ》のわからない「山」だけに夢中になっている彼にとまどい、心配し、不安をあらわにし、とうとう彼だけを残して出て行ってしまいます。会社もクビになり、あてもないのに、馬鹿《ばか》なことばかりしている夫だと付き合いきれなくなったのでしょう。彼が感じている切実な疼きのひとかけらも共有できないまま、別れ別れになってしまったのです。

それは彼を憔悴《しょうすい》させるに足る十分な打撃でした。彼は自分を衝《つ》き動かしてやまない疼きと、現実の事情の間で板ばさみになり苦しみます。彼自身、一体どうしてこんなことになってしまったのか、自分の身に起こっていることが何なのか、よくわからないのです。

そんなとき、ふと見たテレビのニュース番組の中に、あの啓示《けいじ》と同じ山――デビルズ・タワーが映《うつ》っているではありませんか。彼はもう矢も楯《たて》もたまらず、家を飛び出してしまいます。

疲れ果《は》て、途方に暮《く》れる彼の中から、その彼とは全く別の強靭《きょうじん》な意志力が噴出《ふんしゅつ》して、一切《いっさい》を忘れさせて彼を駆《か》り立ててしまうのです。何かに引っぱられるかのように、彼は接触の舞台、デビルズ・タワーに近づいてゆきます。

そして、いくつもの障害を乗り越えて、ついに目的地に到達《とうたつ》し、彼は人間と地球外生物との出会いに立ち合うことになるのです。

そこで、彼は冒頭の言葉をつぶやくわけです。

「これが知りたかったんだ。これは本当のことなんだ――」

強力な磁石《じしゃく》の磁力のような、激しい疼きを実感できる人は少ないかもしれません。けれども、何となく気になって仕方がない、忘れているようで忘れられない。いつも胸のつかえが降りないような疼きなら、思い当たる人も多いのではないでしょうか。そしてそれは、私たちがこの人生で果たさなければならない「仕事」をもって生まれてきたことの証《あかし》なのです。

忘れることのできない世界

映画『未知との遭遇《そうぐう》』が「使命の物語」であると思ったのは、私自身が幼《おさな》い頃から何度か垣間《かいま》見た、ある一つの「世界」の引力にずっと導《みちび》かれてきたからなのです。私もまたあの主人公のように自分の中にある何かを取り出そう、形に表わそうとし続けてきました。

私が垣間見た世界。その経験は、人間と人生の様々な断片《だんぺん》をつなぐ一筋の真実を見出《みいだ》すきっかけでした。その一方で、自分が経験したことは、もしかしたら誰《だれ》とも共有できない自分の想像の産物に過ぎなかったのだろうかと、自問《じもん》したこともありました。けれども、それにしてはあまりにも強烈な現実感があったのです。とうてい忘れることなどできなかったのです。

五歳の頃、最初にその世界と遭遇してから、私は何度か同様の経験を繰《く》り返してきました。

それは冬のある日、両親の知り合いの家に行った帰りのことでした。具合《ぐあい》が悪くなって吐《は》き気とめまいの中で意識を失い、眼を覚《さ》ますと、私は見たこともない場所にいました。柔《やわ》らかいプラチナのような光に満ちた不思議な場所でした。そこは、いろいろな振動や波動が充満《じゅうまん》して、すべてが豊かな響《ひび》きを放《はな》って共鳴《きょうめい》し合っているような感じと言ったらいいでしょうか。そして圧倒的な光の存在。何とも言えない安らぎの中に私はいたのです。私は魂としての感覚をはっきり味わったのです。普段、肉体の中にいる感覚とは全く違うものでした。

温《あたた》かく満たされ、しかも透明《とうめい》で一切《いっさい》の焦点《しょうてん》がぼけることなくすっきりと合っている印象です。自分も何もかも、ヴェールを何枚も脱《ぬ》いでみずみずしくなり、直《じか》に触《ふ》れ合っている感覚。触《さわ》らなくても内側までわかってしまう感覚でした。物も人も波動でわかるのです。一つ一つが全く違う波動を出して、すべてを教えてくれました。

一体どう形容すればよいのでしょう。それは地上では表現することができないもの。あえて今、言葉にすれば、すべてがつながり、「大切」という気持ちがどこまでも広がっている感覚です。全体はひとつでありながら、しかも、どれもかけがえがないというものです。神の絆《きずな》――すべては揺《ゆ》るぎないものとの絆の中にありました。

「ああ、これなんだ」「そうそう、そうだった――」

「この気持ちを忘れたくない、絶対に忘れたくない、どうしてもこれを誰かに伝えなくては」と思いました。「自分は今まで何をしていたんだろう」。同時にあふれてきた切なくもどかしい想いも忘れることができませんでした。

ふと気がつくと、私は天井《てんじょう》のあたりにいました。下には心配そうに声をかけている両親がおり、私自身は寝《ね》ています。今の自分とそこに寝ている自分、もう一人の自分がいたのです。

また気が遠のいて針《はり》の痛みと痺《しび》れを左手に感じると、私は肉体に戻《もど》っていました。あの感覚を伝えようと考えると、言葉ではなかなか表わせません。沢山《たくさん》の色々なことが一遍《いっぺん》にわかったはずだったのに――。それはまるで山の端《は》に太陽が沈《しず》むときのような感じでした。あんなにも輝《かがや》いて、あんなにも確かだった太陽が、容赦《ようしゃ》なく姿を消してゆく――やがて夜の帳《とばり》が降《お》りると、もうそこにはぼんやりとした気配《けはい》がかすかに残るだけです。ただ何か、ぬくもりのようなものだけがしっかり残りました。あの感覚の印象だけは、忘れることのできないものとして刻印《こくいん》されたのです。

魂の感覚との違和感

それからが大変でした。私が普段見ているものは、あの時垣間《かいま》見た真実とは違うという強烈な違和感が迫《せま》ってきてしまうのです。今感じているものがすべてではないのだ。たとえ目覚めていても、人間の本当の感覚は眠り続けているということを知ってしまったのです。そして、その本当の感覚に比べると、いかに日常の私たちが不自由であるか、いかに薄《うす》っぺらな感覚に縛《しば》られているかを実感せずにはいられなかったのです。

「違う、違う、違う！」、心の中のどうしようもない叫《さけ》びのようなものが、いつもつきまとっていました。狭《せま》い部屋の中で生涯《しょうがい》を送ってきた人が、ある日突然、一瞬だけ戸外《こがい》の陽《よう》光《こう》に輝《かがや》く広々とした世界を見せられたとしたら、その広い世界を一度でも味わってしまった人は、もうそれ以前の現実感には戻《もど》れないものです。

小学校に入った頃、毎晩のように出会った霊《れい》の存在も、その感覚を思い出すきっかけでした。また、行ったこともないような異国《いこく》の海や山などの風景が突然見えることなどもあって、常に私の中にある、魂の感覚は度々蘇《たびたびよみがえ》ってきては、いろいろな世界を見せたのです。

そうした体験は、何よりも、私自身がその後に身につけてゆく知識とは、どうしても折り合いのつかない体験であったことに葛藤《かっとう》もしました。私に見えて人に見えないものがあることを知った私は、自分に見えるものに対して慎重《しんちょう》にならざるを得ませんでした。私が見ているものは、幻想《げんそう》なのか現実なのか、一つ一つ確かめてきたと思います。

人が見たり感じたりしている世界は、本当は一つではないことに気がつきました。何層にも次元が分かれているということや、同じ次元、同じ層にいてはじめて人間は同じ世界を見ることができたり、互いの意を通《かよ》い合わすことができるということもわかってきたのです。

こういう私にとって父は、何よりも実在界《じつざいかい》と現象界《げんしょうかい》という二つの世界のつながりに確信を与《あた》え続けてくれた存在です。その感覚を当たり前のこととして、幼《おさな》い私に関わってくれたのです。それは、父自身が霊《れい》的な体験を数々経《へ》てきた人だったからです。いわゆる霊視やテレパシー、ヒーリングなどの訓練も、日常のことでした。

父は常に、人間の内なる可能性を示すと同時に、その一方で人間の内なる闇《やみ》を見つめることを私に問いました。私たちが内なる闇――弱さと危《あや》うさを本当に知ることを通してはじめて、自分の中から人間としての優《やさ》しさや人を愛する心を育てることができると教えてくれたのだと思います。そんな父は私にとって、肉体の親である以上に、魂の師《し》であり、何よりも大きな支《ささ》えであったのです。

父はいつも変わりなく、私の前をまっすぐに歩いていました。神を信じ、人を愛して、魂の存在として生きるとはどういうことかを後ろ姿で示してくれました。何よりも、神と天上の世界に対する圧倒的な確信を、私に見せてくれていたのです。その姿は、その後もずっと私を励《はげ》ましてやまない、何にも替《か》えがたい父の遺産《いさん》です。

疑問、困惑《こんわく》、そして悲哀

もう一つの次元を垣間《かいま》見てしまった者として、そしてそこから還《かえ》ってきた者として、この現実世界を生きること、それが私に与えられた自業《じごう》でした。

先に触《ふ》れたように、幼《おさな》い頃から垣間見たもう一つの世界と現実の世界との違いの著《いちじる》しさこそ、私が立ち止まらずにはいられなかった点であり、私が追究《ついきゅう》せずにはいられなかったテーマであったことを今、改めて思うのです。私はそこに疑問を感じ、目を離すことも、心を遠ざけることもできなかったのです。

とりわけ、私をとらえて離さなかったこと、それは、この現実世界の不条理《ふじょうり》や理不尽《りふじん》さ、切なさであったと思います。それは何でもない日常生活の中で、次々と突《つ》きつけられました。垣間見た世界のあの安らぎや温《あたた》かさや輝《かがや》きとは、あまりにもかけ離れた事件が日々起きるように、私には感じられたのです。

普通の子どもなら立ち止まらないこと、こだわらないことの前に立ち止まり、佇《たたず》み、考え込《こ》んでしまったように思います。

今でも忘れることのできないいくつかの情景があります。近くの路地でよく見かけた身体《からだ》の不自由な小さな女の子。その子の手を引いて、伏目《ふしめ》がちに歩く母親の姿。久しぶりに出会った時、以前の元気さが失せ、言葉が不自由になっていたお年寄りの歪《ゆが》んだ笑顔。お醤油《しょうゆ》の匂《にお》いがしみついた小さな長屋《ながや》の一室。そこにひしめき合うように暮《く》らしていた人々。寝《ね》たきりの病人。やっと一緒になれたのもつかの間、別れていった夫婦……。なぜ、こんなに悲しいのか、なぜ、こんなに切《せつ》ないのか。なぜ、こんなに……なぜ、……数々の疑問を携《たずさ》えながら、私は歩かされました。

人の好《よ》い、優《やさ》しい友だちが、なぜ突然いじめっ子に変貌《へんぼう》してしまうのか。髪《かみ》の色が赤いから、顔に湿疹《しっしん》ができているから、背がひどく高いからと、違う徴《しるし》を背負った子がなぜいじめられるのか。幼い正義感にかられて、それをかばえば、今度は自分が仲間はずれになる。かばわなければ自分の勇気のなさを目《ま》のあたりにしなければならない。一体どうすればよいのか……。中学、高校になっても、楽しい日々の中にもそうした葛藤《かっとう》は続きました。

真面目《まじめ》につつましく生きている人々に災厄《さいやく》が降《ふ》りかかり、巧《うま》く立ち回っている人が地位を得、立場を得てゆくのはなぜか。一方では生きたくても生きられない人もいるのに、一方では易々《やすやす》と命を断《た》ってしまう人がいる。これをどう考えればいいのだろう。罪《つみ》のない子どもがなぜ、両親のいさかいの犠牲《ぎせい》にならなければならないのか。

そして多くの人がその前に立ち止まるように、私にとっても戦争は最大の問題でした。その頃はちょうどベトナム戦争の時代でした。人はなぜ殺し合うのか、なぜ理解し合えないのか、なぜ多くを所有したがるのか。正しさとは何だろう……。

私はそうした容易に答えの出ない疑問に引っぱられ、自分に問いかけ、神に問いかけずにはいられませんでした。

人間とは何なのか、世界はどうなっているのか、不条理や理不尽さは何のためにあるのか。本当のことを知りたい、真実を知りたいという疼《うず》きは、ずっと私を衝《つ》き動かし続けてきたように思うのです。どうにかしなければ、どうすればいいんだろう、そう嘆《なげ》きながら、道を切り拓《ひら》こうとしてきました。不器用《ぶきよう》な生き方だったのかもしれません。

けれども、そうした疑問を探究する道のりにおいて、私はいくつもの門をくぐり抜《ぬ》けてきたように思います。門をくぐり抜ける度《たび》に、自分の無力さや未熟《みじゅく》さが見えてきました。そして同時に、世界の現実の底知《そこし》れない深さも見えてきたのです。

十代の後半にくぐった一つの門は、私のその後の方向性を決定的なものにしたように思います。

大いなるゆるし

ある春の夜、私は一人伊豆《いず》の海辺《うみべ》に座《すわ》っていました。内なる促《うなが》しに従《したが》って、自分を知る旅に出た時でした。私の胸を占《し》めていたのは、やはり現実世界の不条理《ふじょうり》や自分の生の意味に対する疑問でした。出口の見つからぬもどかしさと、何かが始まろうとしているかすかな予感を抱《かか》えながら、私は座っていたのです。

夕陽《ゆうひ》が海の彼方《かなた》に沈《しず》んでから、六、七時間も経《た》った頃でしょうか。ふと気がつくと、私の中の沸々《ふつふつ》と湧《わ》き上がる疑問や焦《あせ》り、やるせなさや無力感がかき消され、雨上がりの山の空気のような清澄《せいちょう》さで満《み》たされていました。

いつの間にか私は、打ち寄せる波の音と一つに呼吸していました。波の律動《りつどう》と共鳴《きょうめい》する内なるリズムを全身に感じていたのです。

突然私は、頭上に巨大な光を感じ、思わず目を開きました。眼前には漆黒《しっこく》の海が広がり、ほんの少し欠けた下弦《かげん》の月が少し傾《かたむ》きかけて辺《あた》りを白く照《て》らしていました。

見上げた空には無数の星々がまたたいていました。その時です。突然一つの星が瑠璃《るり》色の光を放《はな》ち始めたのです。他の星に眼を移《うつ》すと、その星はエメラルド色に輝《かがや》き始めました。赤、黄、紫《むらさき》、橙《だいだい》……、極彩色《ごくさいしき》の万華鏡《まんげきょう》のような世界がそこに広がったのです。

そればかりではありません。満天の星々の真中に、フレアー（炎《ほのお》のゆらめき）を見せてゆらめくオーロラが現われたのです。天空《てんくう》に七色《なないろ》の巨大な花が開いていました。しかも、星々も、オーロラも、空気も、樹々《きぎ》も、そして小さな石ころまでも一切《いっさい》が呼吸していたのです。すべてが生命感にあふれていました。

私は一切の不安や恐怖から解《と》き放たれ、何とも言えない懐《なつか》しさと温《あたた》かさに包《つつ》まれていました。すべての疑問が氷解《ひょうかい》してゆく、あの感覚が訪《おとず》れていたのです。

その瞬間、聖書の一節がどこからともなく響《ひび》いてきたのです。

「悲しむ人は幸いである。その人は慰《なぐさ》められるであろう」

その沈黙《ちんもく》の声を聴いた時、まるでその響きに呼吸するかのように、私の中心から熱いものがマグマのように噴《ふ》き上げ全身に浸透《しんとう》してゆきました。その内なるエネルギーは、この体の輪郭《りんかく》をはみ出して、どこまでも限りなく広がっていったのです。気がつくと体を砂地に投げ打って、嗚咽《おえつ》している自分がいました。

たとえようもない至福《しふく》の時だったのです。

どのくらいそうしていたでしょうか。次に顔を上げた時には、静かな海辺の風景がそこに広がっていました。何ごともなかったように、波の音だけが聞こえてきたのです。

私がその時最《もっと》も深く感じていたこと、それをあえて言葉にするなら、神のゆるしと愛であったと思います。人間を遥《はる》かに超えた、大いなる存在に私は抱《いだ》かれ包《つつ》まれていたのです。

こんなにも愚《おろ》かで盲目《もうもく》なのに、生かされている……。このこと自体がすでに大きな救いだった。すべては、すでにゆるされ救われていた――。それなのに、私は何と愚かしいことにこだわり、浅はかな知恵で推《お》し測《はか》ろうとしていたのだろう。そう思ったのです。

そして、人間は肉身を持てば愚かで盲目になることも、この世が苦しみと悲しみに満ちたものであることも承知で生まれてきたということ、そうした人生の真実がひたひたと感じられたのです。

現実世界こそ取り組むべき場《フィールド》である

すべてを表現し尽《つ》くすことはできないのですが、私はその海辺《うみべ》で多くのことを教えられたのです。神の大いなるゆるしと愛の御手《みて》の中で、行く手を示されたように思います。

それまでの私は、この世の理不尽《りふじん》や不条理《ふじょうり》に対して、悲しみつつもそれらを生み出す闇《やみ》に対して、どこか裁《さば》きのまなざしを抱《いだ》いていたことを思いました。それらを自分が引き受け、背負うだけの勇気や包容力に欠けていたと思いました。

宙空《ちゅうくう》に輝《かがや》くオーロラを見た時の想いは、そうではありませんでした。光も闇も含めて、すべては私の内にあることを感じたのです。

連綿《れんめん》と引き継《つ》いできた人類の業《ごう》（カルマ）の川の流れに身を浸《ひた》し、共に苦を背負い、共に悲しむ存在、それが私たち人間であるということ。私もまたその一端《いったん》を担《にな》い、浄化《じょうか》と復活の道を歩む者であり、闇は自らの内にこそ見出《みいだ》されるべきものであることを強く思ったのです。

もう一つの次元、すべてがつながり、ゆるされているその世界を垣間《かいま》見た者だからこそ、そこから帰還《きかん》した者として、私が伝えなければならないことがあり、なさなければならないことがある。強者が弱者をくじき、差別や悪意が蔓延《まんえん》する、矛盾《むじゅん》に満ちたこの世界にこそ、私は身を投げ出し、その現実に取り組み、癒《いや》してゆきたいと切に思ったのです。

私たちが現実に向き合う世界は、先入観、既成概念の渦巻《うずま》く海の中のようです。取り付く島もなく、溺《おぼ》れかかっている人間の実相が押し寄せ、そこにはたらく摂理《せつり》に眼をとめ、自分の浮力を信じようとする人がおそろしく少ない現代――。

多くの人々にとって、普遍《ふへん》的な摂理に心を開くことが最《もっと》も必要であるのに、それが最も困難なことになっている現代。今、自分が感じ、見えていることしか信じられないという現実を現代人は抱《かか》えています。

人間は自分の中にあるものを、もっと信じなければなりません。今わかっている自分だけが自分ではないからです。一人ひとりが真の個性を持っている存在であり、人生の本当の仕事、すなわち天職と使命をもって生まれてきた魂の存在なのです。その人によってはじめて輝かすことのできる光があり、その人によってはじめて癒され、浄化される闇があるのです。

誰《だれ》もがその願いを抱《いだ》いているから、どこかで疼《うず》きを感じているのではないでしょうか。

私はそのことを伝えなければならないとずっと思ってきました。

私に早くから五感以上の感覚――いわゆる超感覚的な感覚、魂の感覚を与《あた》えられたのもそのためであり、またそれに過ぎないと思っています。魂の感覚を今開いている人があるならば、それは「さきがけ」としての役割が与えられたということなのではないでしょうか。

私はずっと、この眼にみえる現象《げんしょう》界と魂の世界とは、別物ではなく、一つながりであると感じてきました。だからこそ、魂と肉体とが一つに融合《ゆうごう》している、かけがえのない人生というこの期間こそ、本当に大切にされるべきだと思うのです。

肉体を持つから人は愚《おろ》かになり、盲目《もうもく》になり、悲しみを引き起こします。けれども肉体を持つからこそ、人は人と出会うことができ、世界を体験し、魂を成熟《せいじゅく》させてゆくことができるのです。

「人間になれてよかった」。この言葉は、父が人生の最後に遺《のこ》してくれた言葉です。すべての人がそう呟《つぶや》いて終わってゆけるような世界をつくること。それが私にとっての悲願《ひがん》なのです。

魅《み》せられた人々

誰《だれ》もが持っている疼《うず》き——本当の自分を探し求め、人生の本当の仕事に近づこうとする魂の願いとは、人間を内側から発光《はっこう》させる無限の光源《こうげん》であることを忘れてはならないと思います。

正しい自己の探究によって、本当の自分自身に一歩、また一歩と近づいている人は、颯《さっ》爽《そう》たる姿と共に透明な光を放《はな》っているでしょう。単に職業という以上の天職を見出《みいだ》している人、人生の仕事と言える「はたらき」に目覚《めざ》めている人は、世間が与《あた》える輝《かがや》きではない、その人そのもの、存在そのものの輝きを放ってやみません。充実していながら少しも重苦しい圧力を感じさせずに、爽《さわ》やかな風を周《まわ》りに送っています。自分の利得でなく、それを離れて何かに魅せられたように情熱を傾《かたむ》けている人に対して、私たちは魅力を感じます。その人自身の内から湧《わ》き上がってやまない歓《よろこ》びを、接《せっ》する側《がわ》も実にすがすがしく感じるのです。

しかし、自分の中からかすかな疼きをとらえることは難しいことです。疼きを露《あら》わにするような出来事が訪《おとず》れていても、気晴らしや逃避《とうひ》に意識が向いてしまうからです。雑踏《ざっとう》の中でかき消されてしまう囁《ささや》きのように聞き逃《のが》したり、わかっていてもそこに飛び込《こ》むことを躊躇《ちゅうちょ》しているうちに、やがて忘れてしまうといったことを繰《く》り返してはこなかったでしょうか。

サイレント・コーリングは静かな呼びかけであるために、日常の雑然とした騒々《そうぞう》しさの中に、ともすればかき消されてしまうのです。それが普通の現実であるように思います。ならば、その疼きを確かにとらえ、そこに立ち止まった人たちは、私たちにとって先往《ゆ》く道を示してくれる道しるべとしてのかけがえのない存在ではないでしょうか。とらえがたい疼きをきっかけにして、それが呼びかけ促《うなが》している自己の変革や人生の仕事を見出していった人たち。さらには、時代に応《こた》えるはたらきまでも明らかにしていった、いわゆる偉人と呼ばれる先達《せんだつ》の存在は、何よりもサイレント・コーリングを受けとめ応えたモデルであり、高次の自己のモデルと言うべき存在ではないでしょうか。

私たちは自分自身とそのモデルの存在を重ね合わせることによって、茫漠《ぼうばく》としてわからなかった道を見出せるのです。どうしたら自分の疼きをキャッチできるのか、どうしたらその疼きから人生の仕事への道をつけてゆけるかの見通しを得ることができるのです。

中には、彼らを頭から普通の人間とは違うと思い込んでしまう人もあるかもしれません。確かに彼らは優《すぐ》れた資質や才能に恵《めぐ》まれています。

しかし彼らは、始めから偉人《いじん》だったのではありません。その違いがあるとすれば、内なる疼きとして発せられるサイレント・コーリングを忘れることがなかったこと、それを最後まで諦《あきら》めずに形にしようとし続けたことなのでしょう。

天才が時代を超越しているのに対して、偉人が常に時代と共にいることは大変示唆《しさ》的なことです。

天才はしばしば時代から顧《かえり》みられず、何十年も何百年も経《た》ってから理解される孤高《ここう》の存在であることが少なくないのに対して、偉人は時代のわずかな先端、一歩先とか半歩先とかにとどまって、常に時代と関わり、時代に働きかけ、時代を先導した存在でした。

彼らの疼きは、共に生きる人々との密接な関係の中で具現化《ぐげん》されていったものです。彼らの多くは、与えられることよりも与えることに意を注《そそ》いだ人々でした。時代の波にもまれながら、その中で傷つき、その中で悩み、その中で苦労を重ねたからこそ、また私たちのモデルとしてふさわしい存在なのです。

シュリーマン――揺《ゆ》るがぬ目的地を見出《みいだ》した意志

トロイアの遺跡《いせき》を発掘したことで知られている、ドイツの考古学者シュリーマン（一八二二～九〇）は、八歳のときに父親からもらった一冊の本の挿《さ》し絵と出会ったとき、自分の疼《うず》きをはっきりと形にしてしまった人物だったと言えます。

その形とは、そこに描《えが》かれていた美しいトロイアの古都《こと》を、いつの日にか自分の手で掘《ほ》り起こそうというものでした。シュリーマンは幼《おさな》くして、このトロイアの都《みやこ》に魂を奪《うば》われてしまったのです。全身全霊《ぜんしんぜんれい》をもって、恋《こ》いこがれるように魅《み》せられてしまったのです。

特筆《とくひつ》すべきなのは、彼の中でこの目的地が一度も揺らぐことなく、最後までありありと輝《かがや》き続けたということです。

しかし、それはいかに雲をつかむような夢《ゆめ》であったことかと思うのです。幻《まぼろし》かもしれない伝説だけを頼りに遺跡を発掘することなど、沙漠《さばく》の中の砂一粒を拾《ひろ》い上げるに等しい作業でしょう。

しかも彼の生《お》い立ちは、決して恵まれているとは言えません。貧《まず》しい牧師の息子に生まれ、母親を幼い頃失い、しかも父親の不祥事《ふしょうじ》によって十分な教育も受けられなかった、何の力もない片田舎《かたいなか》の一人の少年に過ぎなかったのです。その条件だけを考えるなら、何とか食べてゆくことだけでも大変だったはずです。

しかし彼には、眼を閉《と》じればいつでもはっきりと光を放《はな》つトロイアの都がありました。眼に見える外界にはなくても、彼の心には、確固《かっこ》として実在していたのです。魅せられた魂にとって、そこに近づかないでいることは考えられないことでした。彼の魂とトロイアとは見えない磁力線《じりょく》でしっかりとつながれてしまったのです。

心の底からの疼きを形に表現してしまった人にとっては、訪《おとず》れるものはすべて呼びかけになるのです。シュリーマンの相次ぐ逆境も、彼にとっては条件にしか過ぎなくなりました。

十四歳で学校をやめたシュリーマンは、小さな町の雑貨屋に勤《つと》めます。かつての日本で言えば丁稚奉公《でっちぼうこう》のようなものです。朝五時から夜十一時までの雑役《ざつえき》。それでも無理をして暇《ひま》を盗んでは勉強したため、肺を病《や》んで店を追い出されてしまいます。それから南米行きの貨物船のボーイになり、船が難破《なんぱ》してオランダで救われると、アムステルダムの貿易商会の簿記《ぼき》係になりました。

そして、それからはとんとん拍子《びょうし》で商人として出世《しゅっせ》してゆくのです。やがて商会の代理人となり、すぐに独立してロシアに自分の商館を持ちます。また、ゴールド・ラッシュに沸《わ》くアメリカにも渡《わた》って銀行を開設するというように、国際的な商人となって事業を成功させるのです。

それを支《ささ》えたのは、十八カ国語を次々にマスターした語学力だと言われています。半年で英語、半年でフランス語をマスターし、続いてスペイン語、イタリア語、ポルトガル語も二カ月とはかからずに覚《おぼ》えました。トルコ語は三週間で現地人と話せるようになり、二年後にはトルコ人であっても学識の高い僧《そう》くらいしか書けない手紙を書けるようになっていたと言います。

けれどもそれさえも、彼の心の中に揺るがぬ実在となっていたヴィジョンが、すべての困難を打ち砕く金剛力《こんごうりき》、つまり不屈《ふくつ》の意志力《いしりょく》としてはたらいていたように思えるのです。

シュリーマンは大商人となり、事業家としてもいよいよ発展の勢《いきお》いに乗ってゆくのですが、その商会を四十一歳になるとすべてたたんでしまうのです。見事なまでの思いきりの良さです。

それは口で言うほど簡単なことではありません。何かのためにお金を稼《かせ》いでいた人が、儲《もう》けることそのものが面白《おもしろ》くなってしまい、目的のことなどすっかり忘れてしまうことはよくあることです。それだけ、シュリーマンの心の中では疼きがすでに願いとなり、いかに堅固《けんご》な形となっていたかがわかるのです。

八歳のとき、自分の疼きの形を見て魅せられたシュリーマンが商人をやめ、トロイアの遺跡発掘をなし遂《と》げたのは、それからほぼ十年後五十歳の時のことでした。その人生を振り返ってつくづく感じさせられるのは、人間にはこれほどの強い疼きがあるということです。人間の中には、これほど強靭《きょうじん》な意志と衰《おとろ》えることのない憧《あこが》れがあるということです。そして明らかになったヴィジョンは、それほどの磁力《じりょく》を持っているということでしょう。

こういう人生を垣間《かいま》見ただけで、私たちまで強く共感してしまうのはなぜでしょうか。それは、私たちも彼と同じように、本当はどこまでも貫《つらぬ》いてやまない疼きや願いを秘《ひ》めているからに他ならないからだと思うのです。

伊能忠敬《いのうただたか》――衰《おとろ》えることのない疼《うず》き

日本人としてはじめて、自分の足で全国を歩き回って測量《そくりょう》し、驚《おどろ》くほど正確な日本地図をつくった伊能忠敬（一七四五〜一八一八）も、自分の中にある「疼き」を長い間かかって形にあらわした人です。

幼《おさな》い頃から向学心があり、天文《てんもん》のことが好きだった忠敬は、「学問を身につけて立身出《りっしんしゅっ》世《せ》する」という夢《ゆめ》を持っていました。ところが彼が江戸にある天文方《てんもんがた》に学び始めたのは五十一歳のときであり、実際に測量を始めたのは何と五十六歳のときなのです。平均寿命《じゅみょう》が四十歳代の時代のことです。当時の常識では、とても考えられないことでした。

どうしてそうなったかと言えば、彼には引き受けなければならない運命があったからです。彼は上総国《かずさのくに》（現在の千葉県）の小関村《こぜきむら》の貧しい家に生まれ、幼くして母親を失《うしな》ったため継母が家に来ることになるのですが、忠敬はその継母とうまくゆかずに親戚《しんせき》を転々とするのです。

そういう事情から、彼は十八歳のとき別の村の伊能家に養子に入ることになりますが、伊能家の側《がわ》にも切迫《せっぱく》した事情がありました。かつては酒屋として繁盛《はんじょう》し、代々名主をつとめていた名家が斜陽化《しゃようか》し、屋台骨《やたいぼね》が傾《かたむ》いていたのです。

つまり、彼は伊能家を立て直すために、養子になったようなものなのです。勉学どころではありません。まず目前の必要に応《こた》えなければならなかったと言えるでしょう。

それから忠敬は、自分の疼きを忘れたように、節約と商《あきな》いに励《はげ》み、二十年近くかかって三十代半ばにやっと伊能家再興《さいこう》の目処《めど》をつけることができました。

するとその功績《こうせき》と技量を認《みと》められて村の名主に選ばれ、彼は引き続き村のために力を尽《つ》くすことになるのです。そして運命とは、時に何と苛酷《かこく》なものでしょうか。彼が名主になってわずか二年後に関東全域が大飢饉《だいききん》に襲《おそ》われ、さらに三年後にも同じような大飢饉が襲って、村は決定的な損害《そんがい》をこうむってしまいます。

そのとき、名主である忠敬は、伊能家再興のために蓄《たくわ》えていた財《ざい》を二度にわたって投げ出し、村の人たちを助けています。そしてその功績によって幕府から名字帯刀《みょうじたいとう》を許《ゆる》されるなど、村の指導者としても認められます。

ところが忠敬がその責任から解放されるのは、それから十年以上も経《へ》てからでした。元々の目標であった伊能家再興も含めて、すべての目処が立ったときには、すでに五十歳になっていたのです。

忠敬は自分の代を息子に譲《ゆず》り、やっと隠居《いんきょ》の身となり、かつてから望《のぞ》んでいた勉学を始めます。それは、隠居のたしなみや楽しみとは全く違うものでした。

忠敬の疼きはそれまでと少しも変わることなく、否《いな》、以前にもまして強くはっきりとしてきていたのです。

伊能家再興の間も、彼は人が寝静《ねしず》まった夜更《ふ》けなどに天文や数学の本を読んで、向学への志《こころざし》を確かめていたようです。

疼きはますます大きくなり、炎《ほのお》のように熱を放《はな》っていたわけです。形になっていなくても、あと何かが加われば瞬時に結晶化する状態でした。物質が化学反応を起こすとき、電子が励起《れいき》状態になると言いますが、まさにそのような状態だったのでしょう。

ですから忠敬が天文方に学び始め、その過程で地球図を見たとき、天啓《てんけい》のように「日本地図をつくろう」と思い立ったのです。同じ地球図を見たのは、他にも何十人も何百人もいたはずなのに、実際に行動に移し、そうしたのは忠敬だけだったわけです。

啓示のように降りてくる霊感《インスピレーション》であろうと、それは常に啐啄同時《そったくどうじ》の機《き》を必要とします。内なるものと外なるものが結びついて、はじめて形がはっきりとするのです。

忠敬はすでにそのとき、世界を見ていたのです。「いつか地球の大きさを測《はか》りたい」。そう語る忠敬だったから、日本の地図をつくろうとしたのです。彼もまた、当時、世界に向かって身を開こうとしていたわが国の維新《いしん》の胎動《たいどう》にまき込《こ》まれていた一人だったと私は思うのです。

彼がつくった地図のすばらしさ、正確さ――。のちに日本を訪《おとず》れた英国の測量船隊は、この忠敬の日本地図を見て驚き、その写《うつ》しを手に入れただけで、測量を中止して帰ってしまったというエピソードも残っているほどです。

忠敬が日本地図をつくるために歩いた距離は、何と地球一周分ほどにもなると言われています。約十七年もの間、彼をひたすら歩かせ、測り続けさせたもの、それは決して衰《おとろ》えることがなかった忠敬の疼きだったのです。

ナイチンゲール――天職に導《みちび》く疼《うず》き

「疼き」とは何だろう。ここまで読んでこられた読者はそう想われるかもしれません。疼きは形が決まっているのかどうか、どの形ならば本物だとわかるのか、自分の「疼き」が一体何であるかを見分けるにはどうしたらよいのか。人生の仕事を求めているのが私たちの疼きなら、人生の仕事と今の職業とは一致しているのだろうか。

それは職業であってそれを超える仕事、「はたらき」であることが多いと、ここでは申し上げておきましょう。そのことを教えてくれるのがナイチンゲールの生涯《しょうがい》です。

フローレンス・ナイチンゲール（一八二〇〜一九一〇）と言えば、知らない人はいない、看護師の母と言われる人物です。

しかし、彼女に関してあまり知られていないことが三つあります。

一つは、彼女が看護師としての道を選ぶまで、大変長い迷いの期間があったこと。

二つ目は、彼女が看護師制度をつくるまで、看護師という職業が世間からは売春婦と同じように軽蔑《けいべつ》されていたことです。

そしてもう一つは、ナイチンゲールというと白衣の天使を思い出すのに、実は彼女が実際に看護師として働いたのは、わずか二年間に過ぎなかったということです。

この三つの点は、私たちに彼女の人生の秘密を教えてくれていると思うのです。

彼女は、十九世紀にイギリスの上流階級の家に生まれ育ちました。何不自由ない生活を与《あた》えられていましたが、幼《おさな》い頃からその場所にフローレンスは何か違和感を持ち続けていました。

上流階級に生まれた娘は、しかるべき学校を出て社交界にデビューし、名門の子息《しそく》と結婚する。当時は、その決まったコースを辿《たど》ることが女としての幸せであるという、誰《だれ》もが信じて疑《うたが》わない前提がありました。

しかしフローレンスには、そう思えなかったのです。それが彼女が感じた疼きの始まりです。そして彼女は、その違和感（疼き）が何を示しているのかを求めずにはいられなかったのです。

十七歳のときに、彼女は神からの啓示《けいじ》を受けたと日記に書いています。それは「神さまのもとで働かなければならない」という内心の声でした。

ただ、それが具体的に何であるかはわからないままだったのです。幼い頃から感じ続けていた疼きは、いよいよはっきりしてくるのに、それが何であるかがわからない。神さまに呼びかけられたのに、自分の使命が何であるかがわからない。悶々《もんもん》としながら、彼女はずっとそれを探してゆくのです。恵まれた環境も十分に魅力的です。けれどもそこにいると何か落ち着かない。かと言って、どこに本当の自分の場所があるのかわからない。それが第一にあげた長い間の迷いなのです。

彼女は子どもの頃から、看病《かんびょう》をしたり、看護のまねごとをするのが好きでした。十歳の頃のこと、見放《みはな》された羊飼いの犬を看病して助けてしまったときには、自分自身、本当に輝《かがや》くように感じられた充実感がありました。けれども、それをそのまま性急《せいきゅう》に結論にすることはなかったのです。

彼女は社交界の中心的な存在であった貴族の婦人に気に入られ、名士と言われる人たちにも会うようになりました。

ナイチンゲールは、一方ではそういう自分を誇《ほこ》りに思うと同時に、もう一方ではその自分を責《せ》めずにはいられなかったのです。幸せな生活、幸福に対して常に感じてきた違和感は、彼女が探《さが》さなければならない人生の仕事、天職を導くには、実に大切な感覚でした。彼女は三十一歳のとき、次のように日記に記《しる》しています。

「記憶の糸を手繰《たぐ》ってみると、私が今感じているこの感じ、今考えているこの考えは、六歳の頃からのものである。しかし、それをそうさせたのは、この私ではない。神よ、これは一体どこから来たのでしょうか？　それにしても、神よ、たいていの人たちが満足している生活に、何故《なぜ》私は満足できないのでしょうか？　賢《かしこ》き善《よ》き人びととの会話さえあればそれで充分なはずだ、と人は言う。それなのに、何故私は飢《う》え、絶望し、おまけに病弱の身をかこっているのだろうか？　一体何がそうさせるのか？　この人生の真の悩みについて、いったい書物には何が書いてあるというのか。死、何故それが幸せなのか……、神よ、私は何をすればよいのでしょう？」

彼女の疼きは、当時の誰《だれ》もが欲《ほっ》する幸福な生活以上のものへ、彼女自身を導こうとしていたのです。

彼女が看護を人生の仕事に選ぶのは、実に三十三歳になってからなのです。「疼き」を求めての長い道のりは、本当に大切な時間になりました。なぜなら、その時間が、実は彼女の願いを極限まで明確にさせていったと感じるからです。

ここで第二の点が出てきます。看護に関心があると知った両親が卒倒《そっとう》しそうになったように、当時の世の中は看護師に対して著《いちじる》しい偏見《へんけん》を持っていました。

しかし、彼女はそうは思わなかったのです。その職業は蔑《さげす》まれているけれど、人命《じんめい》を助けるというはたらきは、何にも増して尊《とうと》いものである。彼女はそのはたらきを、自分の疼きと結びつけました。それを人生の仕事、天職に選んだのです。

クリミア戦争での功績《こうせき》は、言うまでもありません。彼女は野戦《やせん》病院の衛生状態を劇的に改善して、多くの傷病兵《しょうびょうへい》を救ったばかりでなく、異国《いこく》の地で傷つき孤独の不安と戦う若い魂を励《はげ》まして、その癒《いや》し手ともなりました。それは大変激しい任務でした。

そのために彼女は、クリミア戦争の二年間で、体力を完全に消耗《しょうもう》して、それ以降は何十年間もベッドの上で過ごさなければならなくなったのです。それが第三の点です。

普通ならば、つまり彼女が看護師であることを仕事として考えていたなら、それで一つの人生が終わり、あとは彼女の余生となったでしょう。

けれども、本当に感嘆《かんたん》すべき彼女の人生は、そこから始まっていると言っても過言ではありません。彼女はベッドの上で、それ以前と全く変わりない熱意と努力によって、その後の人生を貫《つらぬ》いているのです。

看護制度の確立や都市の下水道の衛生問題、売春を禁止するための法律や婦人参政権と、彼女の人生に触《ふ》れてくる多くの問題に対して、あらん限りの助力をしているのです。彼女が亡《な》くなるまでにベッドの上で書き綴《つづ》った手紙は、一万五千通を超え、その他にも数えきれないほどの報告書や提案書を書き上げたと言われています。

私たち人間の、一体どこにそんな生命力が潜《ひそ》んでいるのだろうと思わずにはいられません。それが彼女が本当の幸福な生活として選んだ、天職に貫かれた人生なのです。看護のはたらきに魅《み》せられた魂の足跡《そくせき》でした。彼女はこう言っています。

「最《もっと》も幸福な人々、自分の職業を最も愛する人々、自分の人生に最も感謝の念を抱《いだ》いている人々。それは私の考えでは病人の看護に携《たずさ》わっている人々である」

多くの人は満足や安定の得られる幸福を求めて人生の時を送ります。それに何の躊躇《ちゅうちょ》もないでしょう。しかし内なる疼きは、たとえ苦労が多くても、それ以上に輝く魂の仕事――天職へと、私たち一人ひとりを導こうとしているのです。

シュヴァイツァー――自己超越へ導《みちび》く疼《うず》き

そして同じように、自分の中に芽生《めば》えた「疼き」を見つめながら、人生の仕事を見出《みいだ》していった人がいます。アルベルト・シュヴァイツァー（一八七五～一九六五）。彼は、そこに自らの魂の故郷《ふるさと》を感じていた人だと思うのです。

シュヴァイツァーは、知らない人はいないほどの偉人《いじん》の代表のような人物です。ドイツで牧師の子に生まれた彼は、神学と音楽を学び、少壮《しょうそう》の神学者として、そして優《すぐ》れたオルガン奏者としての名声や成功を手にしましたが、それらを投げ捨《す》ててしまうような人生の転換をしたのです。そして一から医学を勉強し直し、医師として、当時暗黒大陸と言われていたアフリカに出かけて多くの人々を助けました。

その生涯《しょうがい》は、ほとんどアフリカの人たちのために捧《ささ》げられていると言っても過言ではありません。そしてそのために、それを自己犠牲《ぎせい》的な生き方であると捉《とら》え、拘束《こうそく》感を覚《おぼ》える人もあるでしょう。

魂の自由と自己犠牲の問題——。それは誰《だれ》もが考えてみなければならない問題です。彼の人生は、私たちにそのことを特に問いかけているのを感じるのです。それは後にまた触《ふ》れようと思います。

さて、シュヴァイツァーの未知の世界への転身は、多くの人にとって考えられないようなものだったことは確かです。その計画に賛同したのは、後に夫人になったヘレーネただ一人でしかなかったのです。

たとえばシュヴァイツァーが自分はアフリカに行くと言い出したとき、音楽における師であるビドールは、「彼は気が変になってしまったのではないかと思った」と言っていますが、彼を知る多くの知人が同じ想いでした。

それほどに彼を動かしたものは何だったのでしょうか。一体、シュヴァイツァーの中に湧《わ》き起こっていた疼きとは、どういうものだったのでしょうか。

有名な逸話《いつわ》が残っています。シュヴァイツァーが小学校のとき、学校からの帰り道、ガキ大将と取っ組みあいの喧嘩《けんか》をします。シュヴァイツァーの方が体が小さいにもかかわらず、彼はガキ大将をねじ伏《ふ》せてしまったのです。するとガキ大将は、悔《くや》しそうにこう言いました。

「僕《ぼく》だってお前のように週に二度も肉のスープを飲んでいれば、お前なんかに負けやしないぞ」

シュヴァイツァーはびっくりします。考えてもみない言葉が飛んできて、はっとしたのです。今まで一度も覗《のぞ》いたことがなかった世界を突《つ》きつけられるような経験です。いいえ、そのとき気づいたことは、実はシュヴァイツァーが小さい頃から心のどこかでずっと感じてきたことだったはずです。彼が抱《かか》えてきた違和感――疼きだったと思うのです。それをそのとき突然見せられ、意識させられてしまったのです。

シュヴァイツァーはアルザス地方の貧《まず》しい村の生まれです。けれども、父親が牧師であったために、彼の家は村の人たちより、まだ余裕のある暮らし向きでした。シュヴァイツァーがそのとき見せられたのは、村の人たちと自分の間には溝《みぞ》があり、自分は友だちとは違うのだという事実です。世の中には貧しい人たちと豊かな人たち、不幸な人たちと幸福な人たちがいる。自分は恵《めぐ》まれた側《がわ》にいるのだという現実でした。

シュヴァイツァーがシュヴァイツァーになってゆく所以《ゆえん》は、そこで「どうして自分は恵まれた側、幸せな側にいるのだろう」と考えたことです。「なぜ自分は恵まれた側に生まれたのか」と追究したことです。

この追究自体、彼の内なる疼きの現われだったと私は思うのです。多くの人は、他人に与《あた》えられているのに自分に与えられていないものに意識を向けるものです。シュヴァイツァーはそこが違っていました。その注意喚起《かんき》のあり方そのものが自我の枠《わく》を超えていたということでしょう。そして、自分が恵まれた側にいるのは、やがて不幸な人たちのために何かすることがあるからなのだという結論を出すのです。

シュヴァイツァーもまた、ナイチンゲールと同じように、損得や快感を超えたところに幸福を見ていたのです。

その後シュヴァイツァーは、そのことを忘れることなく、求め考え続けます。二十一歳のときに「自分は三十歳までは芸術と学問に人生を捧げよう。けれどもそれ以降は、直接人々のために奉仕しよう」と決心するのも、その延長線上に必然として湧いてきた想いだと言えるでしょう。

そして、それを再び確かめ続けていった二十九歳のとき、運命的に一冊のパンフレットに出会います。その中の「コンゴ地方の宣教師に欠乏《けつぼう》せるもの」という一文を見た途端《とたん》、そこに自分が探し求めてきたものがあり、自分がすべきことがあることを直観するのです。

幼《おさな》いとき与えられた境遇の中で、思いがけなく目覚《めざ》めた疼きに引っぱられるようにして歩んできたから、すぐにわかったのです。その疼きが示しているものを形にしようとし続けた、弛《たゆ》みない歩みがあったからこそ、シュヴァイツァーはひらめいたのです。そのパンフレットは彼の人生へのサイレント・コーリングでした。

このようにして、彼が人生の目的と使命を果《は》たす場所に選んだアフリカは、確かに大変な労苦《ろうく》を伴《ともな》いました。いわゆる、恵まれた人々の慈善《じぜん》事業では、とてもできる仕事ではありません。医師として訪《おとず》れたにもかかわらず、少なからぬ時間を大工仕事や雑用《ざつよう》のために割《さ》かなければなりませんでした。多くの負債《ふさい》も、背負うことになりました。それはまるで、先に言った自己犠牲の行動のように見えます。

そもそも、芸術家からアフリカの人たちへの献身《けんしん》という転身は、全く想像するのも不可能なほどの変わりようです。徹底して魂の自由に生きる芸術家の彼から見れば、人々への献身は全く逆の生き方で、その「自分」を殺すにも等しかったはずです。自分を犠牲にしているとしか思えないでしょう。

彼は人々にすべてを与えている。それなのに、その見返りは？　と問わずにはいられないかもしれません。しかし、本当にそうなのでしょうか。彼は自分を犠牲にしてその後の人生を送ったのでしょうか。

フランス領《りょう》コンゴのランバレネにいたシュヴァイツァー夫妻は、第一次世界大戦が勃発《ぼっぱつ》したことによって、敵国人として一時帰国を余儀《よぎ》なくされます。シュヴァイツァーは本を書き、負債の返済のために講演活動やオルガン演奏会に奔走《ほんそう》する日々を送っていました。

けれどもシュヴァイツァーは、それに満足していたわけではありません。あるときから、彼の魂がまた疼き出すのです。ある日、講演を終えたシュヴァイツァーは、自分がいるべき場所にいないことを痛感します。そして、ふと自分が家具の下に入り込《こ》んでしまったコインになったような気がしたと語っているのです。

シュヴァイツァーに、多くの労苦を厭《いと》う気持ちが全くなかったとは思いません。けれども、ナイチンゲールが幸せな社交界に違和感を感じずにはいられなかったように、シュヴァイツァーにとってもランバレネにいないことの方が、むしろ、より苦しかったのです。――新しい世界を見てしまった者にとって、そこに応《こた》えず赴《おもむ》かないことの方が、より耐《た》えがたい苦痛なのです。

かつてギリシアの哲人エピクロスが言った「快楽」という言葉を想い出します。その「快楽」とは、普通に言われる快楽ばかりではなく、足ることを知った充実感や静けさ、透明さを含んだものでした。彼は求めるべき心の平安を、最高の快楽と呼んだのです。それは魂の願いの充足感だったのでしょう。

疼きの核心《かくしん》に触れた選択をするとき、それはしばしば自己犠牲に見えるようなことがあります。しかし、それは人間が自分を超える段階を通って、はじめて新しい自分を創造する証《あかし》でもあるのです。それが他からどのように見えようと、その人の魂にとっては、最《もっと》も幸福な選択であり、自己の完成に近づく選択であるということです。

そしてシュヴァイツァーが魂の故郷として選んだ、アフリカのランバレネで、「生命への畏敬《いけい》」という彼の思想が結実していることもつけ加えておきましょう。

「人間のうちに存する理想的意欲が、公《おおやけ》に目立つ事業としてあらわれるのは、そのわずか一部分にすぎない。残った部分は見えざる事業となってうずもれる。が、これこそ集まって、世の注目をひく事業の数千倍も立ちまさった価値を形成する」

「人間のうちには、表面に現われるよりはるかに多くの理想的意欲が存《そん》することを、私はかたく信ずる。地下に流れる水は、目に見える流れより多いように、人間が心中《しんちゅう》につないでいる、あるいは、わずかに解放している理想主義は、世にあらわれたものより、遥《はる》かに多いのである。つながれたものを解《と》き放《はな》つこと、底を流れる水を地上に導くこと——この一事を成就《じょうじゅ》すべき人間を人類は待ちこがれているのだ」

今日の社会の情勢を思いながら、このシュヴァイツァーの言葉を読むとき、全体に対する個人の結びつきと責任を改めて考えさせられます。彼のアフリカ行きには、個人的な理由のみならず、人類的視座に立った理由も隠《かく》されていました。それは、それまで多くの白人がアフリカの人たちに対して行なってきたことの償《つぐな》いという想いです。

シュヴァイツァーは自ら、時代という全体の一因子《いちいんし》として、時代に向かって呼びかけを投げ返した一人であったとは言えないでしょうか。

魂は無限の彼方《かなた》の目標を求める

誰《だれ》に教えられることもないのに、人間はなぜ幼《おさな》い頃から人生の夢《ゆめ》を描《えが》き、また人生の様々な場面で目標をつくろうとするのでしょうか。身の周《まわ》りの現実から問題を見つけると、なぜそれを解決しようと考えるのでしょうか。

人間の歴史は、こうやって遥《はる》かな過去から無数の目標をつくっては前進し、また新たな目標をつくるということを繰《く》り返してきました。

一時も休まず、常に未来に何らかの目標をつくり、自分の情熱をそこに向かって注《そそ》いできたのが他ならぬ人間なのです。

一体どういうことなのでしょうか。人間がひとりで目標をつくり出してしまうこと、それは人間の魂の本質にかかわることなのです。魂の本質を一言《ひとこと》であらわすならば、「智慧《ちえ》持つ意志のエネルギー」です。ですから、エネルギーを放出する時に充実感を感じるのです。私たちはいつも、自分のエネルギーを注ぎ込む器《うつわ》をあれかこれかと探《さが》していないでしょうか。つまり私たちの魂は、いつでも情熱を傾《かたむ》ける対象や自分のエネルギーの方向を求めているのです。

内なる疼《うず》きからヴィジョンをつかんだ人たちが、大変なエネルギーを発しているのは、目標が決まりヴィジョンがはっきりとしたときに他なりません。そのとき、そうなってはじめて、魂の意志のエネルギーは、一つの方向に想像を超えた力を発揮してゆくのです。そこには比べるもののない生きがいや充実感も生じます。

そしてそれだけに、バラバラな方向に気まぐれに情熱を注いでいれば、このエネルギーは消耗《しょうもう》し拡散してしまいます。誤《あやま》った信念や目標は、誤った熱狂《ねっきょう》を起こしかねないので人間が歴史に残る暴挙《ぼうきょ》を示したときです。ときは、必ず誤った信念や目標に駆《か》り立てられているときであることは忘れてはならないでしょう。

人が障害や困難に遭遇《そうぐう》したとき、何がつらいかといえば、見通しが立てられないことです。行くべき方向が見出《みいだ》せず、行き止まりの圧迫感にこそ苦しむことが多いのは、そのことを証明しているのではないでしょうか。一体どうしたらよいかわからない、その重い重力場に意識が埋没《まいぼつ》して抜《ぬ》けられなくなってしまうのです。

逆に言えば、たとえ逆境の中に身をおいても、また困難や障害を抱《いだ》いていても、未来に対して明確な見通しを持っているならば、かえって充実感さえ生じてくるのです。ありありとしたヴィジョンや目標を持っているならば、その困苦《こんく》や努力は発展のプロセスとして意味あるものになるのです。

自らの内なる疼きをとらえ、その下に眠っている願いを探しながら、それを本当の自分、人生の本当の仕事にまでつないだ人たちは、魂が必ず持っている無限のかなたの目標をめざして歩んでいった人たちだと思います。

彼らはオンリーワンの存在である自分自身が本当に願うことを追求していった結果、ついには自分自身を超える次元に到達しているように見えます。

無限の彼方《かなた》の目標とは、自己の完成と共に、自己を超越した、時代や世界全体のヴィジョンを実現してゆくことです。

時代は、その時々に全体でひとつの巨大なジグソーパズルを表わしていると言えます。人間は一人ひとりがそのパズルの一片《ワンピース》です。その時代が果《は》たすべきテーマが隠《かく》れているパズルの一片として、人間は生きているわけです。

パズルの一片にしかすぎない私たちであっても、実は常に全体を感じとれる存在です。自分の絵柄《えがら》を見て全体のヴィジョンを感じた人は、もう呼びかけずにはいられません。シュリーマンしかり、伊能忠敬《いのうただたか》しかり、ナイチンゲールしかり、シュヴァイツァーもしかりです。

彼らは、オンリーワンの存在である自分の望む仕事と、宇宙の意志、神が促《うなが》された仕事の接点を見出した存在として、私たちの先を歩むモデルであるということです。

いかなる人間の魂にも、彼らに勝るとも劣らない無限の彼方の目標、ヴィジョンが刻《きざ》まれていることを思い出さなければならないと思うのです。

そして、その無限の彼方の目標に人を導くのは、いつの場合も人生の途上《とじょう》に訪《おとず》れる出会いです。魂に刻まれている願いや疼きは、出会いによって引き出され、形となります。

たった一つの言葉が、一冊の書物が、一枚の絵が、そして一人の人との出会いが、私たちの内なる願いの扉《とびら》を叩《たた》き、その願いの形を露《あら》わにし、目標を暗示する――。シュリーマンにおける本の挿《さ》し絵が、シュヴァイツァーにおけるパンフレットが、それでした。彼らにとって、挿し絵はただの挿し絵でなく、パンフレットはただのパンフレットではありませんでした。まさにサイレント・コーリングそのものだったのです。

私たちに日々訪れるささやかな出会い、巡り合いの中にも、魂の願いを告《つ》げるサイレント・コーリングは秘《ひ》められているということでしょう。

第三章　陰の支配者

人間は真面目《まじめ》に間違える

誰《だれ》の人生にも、その人の本当の仕事を呼びかけるサイレント・コーリングが届《とど》いているにもかかわらず、それを聴くことができる人は限られているように思います。それはなぜなのでしょうか。

悲しいことに、自分の疼《うず》きをとらえて形にすることができないまま、輝《かがや》くことを忘れて人生を終《お》えてゆく人は少なくありません。疼きの核心《かくしん》を摑《つか》むことができず、自分のエネルギーを誤《あやま》った方向に使い、誤った対象に注《そそ》いでしまう人は何と多いことでしょう。つまり、誤った情熱です。

そしてそれが、誤った方向、誤った対象であるとしたら、エネルギーを注げば注ぐほど大きくズレてしまうでしょう。一生懸命《いっしょうけんめい》であればあるほど、人生の破壊《はかい》が進行してしまうのです。

そういう現実を目《ま》のあたりにすると、何ともいたたまれない、重苦しく悲しい想いになります。

「……私は、それと知らずして、第三帝国の巨大虐殺《ぎゃくさつ》機構の一つの歯車にさせられてしまっていた。その機械も打ち砕《くだ》かれ、エンジンが止まった今、私はその運命を共にしなければならない。世界がそれを要求するから」

自らの手記《しゅき》にこう書いているのは、第二次世界大戦中、一日に一万人以上のユダヤ人を殺戮《さつりく》した、アウシュヴィッツ収容所の所長、ルドルフ・ヘスです。

想像を絶《ぜっ》するような残虐《ざんぎゃく》行為、大量虐殺、様々な人体実験、屍体焼却《したいしょうきゃく》。人体から髪《かみ》の毛、義足、入れ歯など、再利用しうる資源をより分け、経営のバランスシートまでも考えていた収容所の責任者でした。

ところが、ヘスはそれに対してこう弁明《べんめい》しています。

「世人は冷然《れいぜん》として、私の中に血に飢《う》えた獣《けもの》、残虐なサディスト、大量虐殺者を見ようとするだろう。――けだし、大衆にとって、アウシュヴィッツ司令官は、そのようなものとしてしか想像しえないからである。そして彼らは決して理解しないだろう。その男もまた、心をもつ一人の人間だったこと、彼もまた、悪人ではなかったことを」

この手記を記《しる》した後、彼は絞首刑《こうしゅけい》に処《しょ》せられて人生を終えました。四十六歳でした。彼はこんな人生を歩むつもりだったのでしょうか。

もちろん、そうではなかったはずです。

ヘス自身、思ってもみなかったでしょう。なぜなら、彼は幼《おさな》い頃は虫を殺すこともためらうほどの心優《こころやさ》しい少年であったからです。そして、自分でも記しているように、「はっきりした義務感」を持ち、「自分に許《ゆる》される手段のすべてをあげて虐待《ぎゃくたい》と闘《たたか》った」正義感さえ備《そな》えた人であったというのです。

手記の中からは、センチメンタルなまでに祖国と家庭を愛して生きた一人の平凡《へいぼん》な軍人の姿が浮かび上がってきます。

「……私の人生に方向を与えてくれた導《みちび》きの星が二つある。それは祖国と、後はそれに加えて私の家庭だ。……ナチスの世界観を、私はドイツ民族にふさわしい唯一《ゆいいつ》のものと見なした。ＳＳ（ナチス親衛隊《しんえいたい》）は、この生活信条の最《もっと》も実行力のある守護者であり、ただこれだけが、全ドイツ国民をして、それにふさわしい生活へと次第に復帰させ得る力を持つと考えたのだ」

彼は真剣です。きっと彼としては自分の良心にのっとって選んだつもりだったでしょう。真面目に考え、良かれと思って選択したことが、目も当てられない現実を引き出してしまったのです。

つまり、彼はまさに真面目に間違ったのです。

そして、そういう自分に気づくこともできず、どうすることもできなくなっていったのです。一体、何が彼をそうさせたのでしょうか。

アングリマーラの悲劇

釈尊《ブッダ》の弟子、アングリマーラのことを思い出します。

アングリマーラとは、百人に及ぶ人を手にかけた殺人鬼《さつじんき》ですが、彼もまた、本当に、真面目《まじめ》に間違えてしまった人物です。

と言うのも、もともとアングリマーラは、殺人などとは全く縁《えん》のない、バラモン僧に師《し》事《じ》して熱心に修行《しゅぎょう》に励《はげ》む、未来を嘱望《しょくぼう》された青年だったからです。

では、なぜそんな青年が殺人鬼に変貌《へんぼう》したのでしょうか。

それは、美男であったアングリマーラが、師であるバラモン僧の妻から誘惑《ゆうわく》を受けるという思わぬ出来事から始まったのです。アングリマーラはもちろん、その誘《さそ》いをきっぱりと断《ことわ》りました。すると、自尊心を傷《きず》つけられた夫人が、帰宅した夫に、もう少しでアングリマーラに手込《てご》めにされるところだったと告《つ》げたため、夫は怒《いか》り狂《くる》い、とんでもない仕打ちでアングリマーラに復讐《ふくしゅう》しようとしたのです。

師は、彼を呼んでこう尋《たず》ねます。

「アングリマーラよ。お前の修行もいよいよ大切な時期にさしかかった。私が今から申し渡す修行はかなり厳《きび》しいものだが、お前はそれを貫《つらぬ》き通す自信があるか？」

「はい、いかなる苦行《くぎょう》でありましょうとも、覚悟《かくご》がございます」

悪意など想像もしていないアングリマーラがそう答えるや否《いな》や、師はこう告げたのです。

「よくぞ言った。それでは、今から町へ出てゆき、百人の人を殺しなさい。殺した証《あかし》として、一本ずつ指を切り取り、糸に通して首にかけるがよい。それが最後の修行だ。この行を避《さ》けては、決して悟《さと》りには到達できないであろう」

アングリマーラは、一瞬《いっしゅん》ひるみました。耳を疑《うたが》ったでしょう。けれども、彼はどうしても悟りを得たいと思ったのです。あれほど夢《ゆめ》見た悟りがすぐそこにある――。それが奸計《かんけい》であるとはつゆ知らず、彼はうなずいてしまうのです。

もちろん、彼にすんなりと人が殺せたわけではありません。一人目を手にかけるまで、どれほど迷い、恐れ、怯《おび》えたことか。二人目のときもどれほど苦しんだことか。その度《たび》に彼は、「最後の修行だ。どうしても必要なのだ」と自分を説得したのでしょう。迷いが生じる度に、その「信念」を一層固めていったに違いありません。そしてその迷いがしだいに消えていった頃、アングリマーラは殺人鬼と化《か》していたのです。

美しかったその顔は、殺気《さっき》を帯びたものとなり、いつも獲物《えもの》を狙《ねら》うかのような鋭《するど》い眼つき、ふり乱した髪《かみ》、ボロボロの衣服、……その様子は地獄の悪鬼《あっき》さながらでした。人々は恐れ、怯え、誰《だれ》一人近づく者もなくなりました。

アングリマーラは、もう自分で自分をどうすることもできない状態でした。

一人二人、三人、十人、五十人……とうとう、九十九人殺した時です。向こうから母親が歩いて来たのです。彼の眼には母親も単なる百人目の獲物としか映《うつ》っていませんでした。そして、まさに自らの母を手にかけんとしたその瞬間です。どこからともなく釈尊が現われて、彼の前に立ちはだかろうとしたのです。

「止まれ!」。アングリマーラは叫《さけ》びました。

「アングリマーラよ、私はもう止まっている」

威厳《いげん》に満ちた釈尊の声は、今まで聞いたこともないような、揺《ゆ》るぎない静けさをもって響《ひび》きました。

その姿を見、声を聴いた瞬間、アングリマーラはハッとしました。彼の中で何かが起こったのです。内なる爆発とでも言いましょうか。釈尊の存在の光が、彼の中心を射抜《いぬ》きました。

彼は自らの過《あやま》ちを悟ったのです。

自分の身を壊《こわ》さんばかりの悔恨《かいこん》が、彼の中から衝《つ》き上がってくるのを、釈尊はどんな想いでご覧《らん》になったでしょう。その後釈尊は、今の今まで殺人鬼であったアングリマーラの帰依《きえ》を許《ゆる》し、わが弟子とされました。そして、釈尊の下での償《つぐな》いの日々によって、彼の魂は救われるのです。

人間が人間になることによって、どうしても背負わざるを得ない人間の共通業《きょうつうごう》（カルマ）、人類の業が、切ないまでに胸に迫《せま》ってはこないでしょうか。人間という存在が、その存在自身の内に避《さ》けようもなく抱《かか》えねばならない弱さ、欲望、悲しさ、愚《おろ》かさ。その深い闇《やみ》を私たちに否応《いやおう》なく訴《うった》えてくるように思うのです。

真面目に間違ってしまったときから、アングリマーラは何かに支配されるように動かされてきました。自分で考えることもできない。自分で立ち止まることもできない。自分ではどうにもならない力に動かされていたのです。

そのことに気づくまで、彼は殺人鬼であることを自分でやめることができませんでした。アングリマーラが教えているのは、人間を動かしているのは自分でわかっている自分だけではないということです。

オセロを破滅《はめつ》させたX《エックス》——誤《あやま》った信念

シェークスピア（一五六四〜一六一六）が戯曲《ぎきょく》『オセロ』の中に描《えが》いているのも、自分ではどうにもならない力に動かされ、過《あやま》ちを犯《おか》してしまう、そんな人間の姿です。

シェークスピアはその作品を通して、人間の内面について数々の鋭《するど》い洞察《どうさつ》を行なっていますが、ことに「人間が自分で自覚している想いよりも、深いところで人間を操《あやつ》っているものがある」というテーマが、そこには一貫《いっかん》してあるように思います。

『オセロ』の舞台となった時代は、十六世紀のヴェニス。

黒人であるムーア人オセロは、たくさんの武勲《ぶくん》とその人柄によって、大将軍として尊敬と信頼を受けていました。物語は、このオセロの騎手《きしゅ》イアーゴが、自分ではなくキャシオが副官として抜擢《ばってき》されたことに腹を立てているところから始まります。イアーゴは、オセロとキャシオに憎《にく》しみを募《つの》らせ、この二人を何とかして陥《おとしい》れようと奸計《かんけい》を企《くわだ》てていました。

そして、その怒りの矛先《ほこさき》はまず、オセロとその妻に向けられたのです。オセロは白人の娘、美しく清純なデズデモーナと愛し合い、ひそかに結婚していました。

まだ人種的な偏見《へんけん》の著《いちじる》しかった頃のことです。黒人が白人の女性をめとるためには、魔術でも使わなければ無理だとまで言われていた時代です。強烈な差別意識が、社会通念として横たわっていたのです。それだけ、オセロにとってはデズデモーナは大切な存在でした。

「お前を愛さぬことでもあったら、この魂は破滅だ。お前を愛さぬような時が来でもしたら、この世界は再び混沌《こんとん》に帰《き》すのだ」。オセロがデズデモーナに語った言葉です。彼は、彼女をそれほど深く愛していたのです。

ところが、それにもかかわらず、なぜかオセロは、イアーゴのちょっとした策略に簡単にはまって妻を疑《うたが》い始めてゆくのです。イアーゴは、デズデモーナのハンカチを自分の妻に盗ませ、キャシオの部屋に落としておきます。それはオセロから贈《おく》られたとても大切なハンカチでした。オセロはデズデモーナとキャシオとの間に不倫《ふりん》な関係があるかのように思い込《こ》まされてしまうのです。

最初は針《はり》の穴ほどの小さな疑心《ぎしん》だったのですが、それがみるみる大きくふくらみ、妻の不貞《ふてい》を確信するまでにいたります。そしてとうとう、わが手で最愛の妻を締《し》め殺してしまうのです。そのあとでオセロは、それがイアーゴの奸計であったことを知ります。けれども、時すでに遅し……。自らの短慮《たんりょ》を嘆《なげ》きつつ、短刀《たんとう》で自害《じがい》して果《は》てるという悲劇です。

一体なぜ、そんなことになってしまったのでしょうか。

オセロは破滅したくて破滅していったのではありません。オセロを破滅に追いやったのは一体何だったのでしょうか。

オセロは妻を疑い始めたとき、妻の不貞の原因は、おそらく自分が黒人だからであろうと思います。そうに違いないと決めつけます。

戦いではいささかも取り乱したことのなかった勇猛《ゆうもう》な心が千々《ちぢ》に乱れ、嫉妬《しっと》の炎《ほのお》で焼かれてゆくのです。妻を信じ、愛《いと》しく思う想いと、だからこそいっそう抑《おさ》えがたい猜疑心《さいぎしん》――。この両者の間で彼の心は激しく揺《ゆ》れ動きます。

シェークスピアはイアーゴの言葉に託《たく》し、人間の嫉妬の苦しみを見事に表現しています。「これほどつらいことはありますまい。愛してなお信じえず、しかも疑ってしかも愛着する。そういう日々を刻一刻かぞえながら生きねばならぬとしたら」

オセロはまさに、そのような苦しみの煉獄《れんごく》に放《ほう》り込まれたのです。

「黒人である自分を、妻は本当に愛しているんだろうか？」

「このような自分が、彼女のような美しい女性に愛されるはずがないのではないか？」

「黒人は白人の女から愛されるはずがない」

オセロはその想い、その信念から少しも離れることができなかったのです。その信念が見せる世界を疑うこともできず、それが引き出す考えしか持つことができなかったのです。その信念が、オセロの行動を決めていたのでしょう。

オセロにとっては、それが厳然《げんぜん》たる真実《リアリティ》でした。

しかし実際は、デズデモーナは彼をこの上なく愛していました。つまり彼が見ていた現実は、真実ではなかったのです。

彼の心に刻《きざ》まれていた「黒人は白人の女から愛されるはずがない」という誤った信念。その劣等意識が小さな疑いを増幅することになり、自分の心に映《うつ》った誤りを誤りとも気づかないままに、見るもの聞くものすべてを、相手の不義と不信の証拠として数えあげ、ますます自分自身の誤った信念を強めていったのです。

　オセロの悲劇は、大波にもまれる木《こ》の葉のように、人間が運命の波に簡単に翻弄《ほんろう》されてゆく姿です。そこでは人間は小さく全く無力な存在に過ぎません。このような悲劇が、現実に人間の歴史の中でどれほど繰《く》り返されてきたことでしょうか。

　そして、何よりも痛《いた》ましいのは、彼に悲劇をもたらしたのは、外にあったものではなく、彼自身の内側に潜《ひそ》むものであったということです。自分で運命を選択してきたつもりなのに、実は見えない「陰《かげ》の支配者X」に動かされていたという事実。それがオセロにとっての本当の悲劇だったと思うのです。

止めようとしても止まらない

　自分では良《よ》かれと思った。この道を行けば幸福になれると信じた。その結果、とんでもない過《あやま》ちを犯《おか》してしまった多くの人々。彼らは実は、自分自身の信念に忠実に生きた人々とも言えるのです。ただ、彼らは、自分の信念に大きな誤《あやま》りがあることに気がつかなかったのです。

「ナチズムは絶対である」「第三帝国の建国こそ、ドイツ国民に幸福をもたらすものである」との暗黙《あんもく》の信念の下に、ユダヤ人の虐殺《ぎゃくさつ》を正当化してしまったヘス。

「この修行《しゅぎょう》をすれば悟《さと》れる」という師《し》の言葉と、「高い悟りには、より厳《きび》しい修行が必要なのだ」という自分の想いを当然の信念にして、殺人鬼《さつじんき》と化《か》したアングリマーラ。

そして、黒人に対する無言の偏見《へんけん》の中で、「黒人が白人の女から愛されるはずはない」との信念から、妻に対する猜疑心《さいぎしん》を止めることができなかったオセロ。

一度固まってしまった信念が、いかに動かしがたく変えがたきものであるか。いつ、どうしてそう確信したかも定《さだ》かではなく、自分がどのように動かされているかもわからない。

彼らが犯《おか》してしまった罪《つみ》は、誰《だれ》の眼にも明らかなものです。人を害《がい》することの良し悪《あ》しは、幼《おさな》い子どもであっても知っていることです。頭では重々《じゅうじゅう》わかっていることなのに、それを止めることさえできなくなってしまうことを、これらの例は教えてくれます。

そして、人を殺《あや》めたり、直接害することはなかったとしても、こうした信念によって動かされているのは、彼らばかりではありません。私たちの誰もが、自分にとって当然の、気づきようもない「信念」を抱《かか》えており、その暗黙の信念に衝《つ》き動かされるように生きているのではないでしょうか。

たとえば、いつも決まったように高圧的な態度をとるために、部下から嫌《きら》われている上司。どうしても皮肉をひとこと言うために、親しい友人ができない人。その場その場でいい顔しかしない八方美人であるために、結局誰からも信頼されない人。もっと積極的に関われば良い結果が現われるはずなのに、自信が持てずに消極的になり、失敗ばかりしている人……。

はたから見れば、いつもどうしてそんな振《ふ》る舞い方をするのか疑問にしか思えなかったり、どこをどうすればよいか、すぐにも見当がつくのに、本人にはなかなかわからないのです。たとえわかっても、めったに変えられないのです。

そうすることが本人にとっては、最善であるとしか思えなくなっているからでしょう。

人生の基盤——暗黙《あんもく》の信念の回路

「人間は自由意思というものを持ち、誰《だれ》でも自分のことは自分がよくわかっているし、自分のことは自分でコントロールできる」。ほとんど例外なく、人はそう思っているものです。誰もが自分の人生の主人であることを疑《うたが》わず、自分のことは自分が一番よく知っていると思っているのです。けれども、そうした自分像は、はっきり言えば偶像《ぐうぞう》でしかないということなのです。

人はたくさんの信念を持っています。

「人間とは信頼できるもの」「世間は信じられない」「悲しいことは重なるものだ」「嬉《うれ》しいことは長続きしない」「自分は駄目《だめ》な人間だ」「私は特別でなくてはならない」「友だちはライバルである」「誰かがきっと何とかしてくれる」「男は黙《だま》って行動するものである」「女は控《ひか》え目な方が愛される」「私はいつも被害者だ」等々。

それらが一つの回路になって、一人ひとりに「あるわかり方」「ある感じ方」をさせ、「ある思い方、考え方」をさせ、「ある行動の仕方」をさせ続けているのが、人間の現実ではないでしょうか。

心の中に一つの鋳型《いがた》ができ上がり、鋳型通りの考えや行動が自動的に次々と生み出され続けているという感じなのです。ちょうど傷《きず》のついたレコード盤の溝《みぞ》を、針《はり》が何度も何度も繰《く》り返す様《さま》にも似ています。そうさせている陰《かげ》の支配者が心に住《す》んでいるのです。

それは、人間が「生まれ」「育ち」の中でつくってきた、たくさんの信念からできた回路です。人間の意識を左右し、行動を決定していってしまうものなのです。

私はこの暗黙の信念の回路を「人生の基盤」（以下、基盤と表記）と呼んできました。

基盤は意識と無意識を合わせた回路です。これこそが、一人ひとりの人生を刻一刻と生み続けている基《もとい》となっているものだからです。

貧《まず》しさの中で嫌《いや》というほどみじめさを味わった人は、富《とみ》に執着《しゅうちゃく》せざるを得ない条件を与《あた》えられたようなものです。

何とかその境遇《きょうぐう》を脱《ぬ》け出そうと懸命《けんめい》になって財《ざい》を成《な》した人であっても、人前でいつも「自分がいかに豊かであるか」を誇示《こじ》せずにはいられないというようなことがよくあります。

持ち物を自慢《じまん》し、知り合いを連《つ》れては大盤振舞《おおばんぶるまい》をする。それがどんなに見苦しいとしても、本人はそうしなければどうしても安心することができない。じっとしていられないのです。何かに駆《か》り立てられるように、その証明をせずにいられなくなってしまうのです。それが基盤というものです。まさに陰の支配者に操《あやつ》られている感じです。

逆に、すべてに恵《めぐ》まれたような生活、たくさんの使用人を抱《かか》える裕福な家庭にわがままに育った人ならば、自分のために世話をしてくれて当然という気持ちで人に接《せっ》するようになるかもしれません。欲しいものが何でも手に入って当たり前、自分の思い通りになって当たり前の環境であれば、逆境や困難の中で苦しんでいる人たちの痛みなど思いもよらないでしょう。

それがどんなにおかしな考え方であったとしても、そういう感じ方を基盤としてつくってきてしまったら、それは暗黙の信念になり、当然のことになるのです。

基盤が引き起こしたすれ違い

基盤とは一体どういうものなのか。私たちの日常生活に、この基盤がどのように関わっているものなのか。四十代も半《なか》ばの、あるご夫婦に起こった一つの出来事を通してお話ししたいと思います。

その出来事とは、奥様が、ご主人が浮気《うわき》をしているのではないかという心配を抱《いだ》いたことでした。ご主人が時々、会議だ、付き合いだと言っては、お酒を飲んで遅く帰ってくるようになったこと。しかもそんな時は決まって、まるで罪《つみ》ほろぼしのようにお菓子《かし》やお寿《す》司《し》などのお土産《みやげ》を買ってくることに、彼女は疑《うたが》いを持ってしまったのです。

元来《がんらい》おとなしい彼女は、ご主人に問いただすことも、誰《だれ》かに相談することもできず、かと言ってオセロではありませんが、疑いの目で見れば見るほど、ご主人のちょっとした優《やさ》しい言葉も、ささやかな仕草《しぐさ》も、すべて浮気を裏付ける証拠にしか見えなくなっていったのです。

捨《す》てられてしまうのではないかという不安、信じたいけれど信じられない葛藤《かっとう》、嫉《しっ》妬《と》……、そうした想いが黒雲のようになって襲《おそ》いかかってきました。

結論から言えば、これらはすべて彼女の誤解《ごかい》に過ぎなかったのですが、それが生々《なまなま》しい現実にしか思えなかったのには、それだけの理由があったのです。

彼女がそれほどまでに思いつめてしまったのは、彼女が人生から受けとってきた考え方——基盤にそのわけがありました。

彼女の母親も夫の浮気に長い間ずっと苦しめられていたのです。母親は、幼《おさな》い娘に向かって「男の人は信じちゃだめよ。陰《かげ》で何をしているかわからないんだから」というのが口癖《くちぐせ》でした。彼女は両親の間に漂《ただよ》う、危《あや》うい気配《けはい》をいつも感じながら育ちました。そのために、ご主人が自分に気を使っているのを見る度《たび》に、あの母親の言葉がどうしても蘇《よみがえ》ってきてしまったのです。

一方、ご主人はどうだったのでしょうか。ご主人は、その頃、仕事の関係上増《ふ》えていた飲酒の機会にずい分心苦しい想いをされていたようです。彼の中にはお酒を飲むことに対する強い罪悪感《ざいあく》があったからです。そのためにお土産を買ってきたりして、優しくせずにはいられなかったのです。

　では、なぜそういう罪悪感を持つようになったかと言えば、人生に理由があったのです。彼の父親は漁師《りょうし》でした。漁師たちはよく集まり、お酒を飲みかわす機会が多かったのですが、彼は体質的にお酒が飲めませんでした。酒豪《しゅごう》の多いその漁村ではずいぶん肩身《かたみ》の狭《せま》い想いもし、馬鹿《ばか》にもされたのでしょう。それが悔《くや》しくて何とか飲めるようになりたいと、一時は無理やり飲んでは、相当苦しい想いをされたようです。

　けれども結局、飲めるようにならなかった彼は、やがて漁《りょう》が終わって皆が飲む時にも付き合わずに、まっすぐ家に帰ってくるようになったということです。そして子どもたちに、いつもこう言うのが口癖《くちぐせ》になったのです。

「俺はお前たちのために働いてやっているんだ。他の者はみんな一杯飲んでるが、俺はまっすぐお前たちのために帰ってきている。だいたい酒なんか飲む奴《やつ》には、ろくな奴はおらん。お前たちは家族思いの親をもって幸せだぞ」

　それは自分への言い訳でもありました。飲めない自分というのは、認めがたいコンプレックスだったのです。ご主人はその息子として、まるで呪文《じゅもん》のように、こうした父親の言葉を聞いて育ったわけです。そうしてその中で、「お酒を飲むこと＝家庭を大事にしないこと＝良くないこと」という基盤をつくっていったのです。

そしてお酒を飲むことは別に悪いことじゃない。仕事にとっても大事なことなんだと、自分で納得しているつもりでも、どうしても後ろめたさを感じてしまうご主人があったのです。こういうことが基盤になっているということなのです。

お酒を飲んで帰ってくるときに、お土産を買ってくるかどうか、そんなことは些細《ささい》な、取るに足らない問題だと思われるでしょう。しかしそれが些細なことに終わらないのは、まさに人間がそういうことにこだわり、動かされているからなのです。

ご夫婦はお互いの感じていたことを話し合う機会を得て、誤解を氷解《ひょうかい》させることができました。そして改めて、お互いの基盤の違いを受けとめようと確認し合ったそうです。

日頃何気《なにげ》なく発する言葉も、感じ方やものの見方、考え方も、人との関わり方も、行動の仕方も、このようにそれぞれの人生の全体から生まれたものであり、遠い過去からの流れや多くの人々の喜びや悲しみを背負っているものです。

それだけに、はたから見れば簡単に変えられそうに見えるちょっとしたものの言い方一つも、本人からすれば変えることは大変難《むずか》しいものなのです。性格や癖《くせ》がなかなか直せない理由も、そこにあります。基盤に刻《きざ》まれた習慣・自動回路から抜《ぬ》けるためには、よほど強烈な熱と力を加えなければならないのです。

だからこそ、基盤の違いによって生じる日常的な反目《はんもく》や確執《かくしつ》をささやかなことと侮《あなど》ることはできません。それらが、一生を左右する離婚の原因になることも十分ありうるのですから。

よく問題になる嫁姑《よめしゅうと》の確執の多くも、基盤の違いから生じたものです。料理、洗濯、掃《そう》除《じ》などの家事は、家によって独特のものがあります。ものごとを進めるリズムも、話の仕方、物腰なども、基盤によって全く異《こと》なったものになりやすい。それが一人の人間を自殺に追い込むほどに深刻な確執の種《たね》になってしまうこともあるのです。

基盤は情報処理のプログラム

それでは、基盤がどんなはたらきを持っているのか、ここで整理しておきたいと思います。基盤には大きく言って二つのはたらきがあるのです。まずその一つは、情報の処理の仕方です。

一体何のためにあなたは生きているのかといきなり問われれば、誰《だれ》でもとまどうでしょう。けれども、はっきりと答えることはできなくても、現実の中で、私たちが大切にしているものの優先順位はおよそ決まっているものです。
また、どういうとき嬉《うれ》しいと感じ、幸せだと思うのか。悲しくなったとき、どうするのか。苦しくなると、どうやってそこから脱《ぬ》け出そうとするのか。問題が起こったときどう対処するのか。人に対する接《せっ》し方、距離の置き方、仕事の進め方、身振り、顔の表情……。

一人ひとりに決まったパターンがあるのです。

それらをその都度《つど》、ゼロから考えて決める人などはいないでしょう。気がついたときには、もう動いてしまっているものばかりです。ある刺激と印象を受けたと同時に、反応が勝手に起こってしまうのです。それは、自分でも気づかないブラックボックスになっている反応です。

つまり基盤とは、自分の考えや判断、発言、行動のすべてをほとんど自覚することなしに生み出す自動回路であるということです。

基盤はお芝居《しばい》で言えば脚本《きゃくほん》、コンピュータで言えばプログラムなのです。物語の筋《すじ》を決め、情報の処理の仕方を決めるものです。

同じような失敗をしたとき、ある人はパニックに陥《おちい》ってしまうのに、ある人は落ち着いて、ピンチはチャンスと受けとめて行動できる。それは二人が持っている行動の脚本が違うからでしょう。たとえばある人のコンピュータでは、事態をいくら入力してもエラーしか出ないのに、ある人のコンピュータには対応策が示されるということです。

この基盤のプログラムは、幼児期にほぼ原型ができ上がります。

兄弟姉妹のいずれに生まれるかで、脚本は全く違ってしまうでしょう。兄や姉であれば、面倒を見たり皆をまとめることが当然であり、弟や妹であれば、世話をやいてもらうことが当然になるからです。母親から求められる行動も違ってくるでしょう。

時代が変われば常識が変わり、価値観が変わってプログラムが変わりますが、私たちはその一つの時代を選んでいることになります。

同じ光景を見て全く異《こと》なる世界を感じるのも、基盤の違いゆえのものです。

私たちには様々な先入観や思い込《こ》み、偏見《へんけん》があり、常識、通念に条件づけられています。基盤はこのとき、世界を映《うつ》し出す鏡であり、フィルターであり、世界を見る眼鏡《めがね》なのです。

アンデルセンの童話の中にある醜《みにく》いアヒルの子のように、周囲から「お前は醜い」と言われ続けて、基盤という眼鏡をつくってゆけば、本当は白鳥であっても、自分を「醜いアヒルの子」と認識するようになってしまうのです。

生まれたときに、そこに人種的偏見《へんけん》があれば、自分とは肌《はだ》の色が違う人々に対して、優《ゆう》越《えつ》感や劣等《れっとう》感を持ってしまいます。

『招《まね》かれざる客』という映画の中には、人種差別に対して異《い》を唱《とな》え続けてきた新聞社の経営者が、自分の娘から「黒人と結婚したい」と打ち明けられたとき、どうしても素直にうなずくことができず、葛藤《かっとう》する様《さま》が描《えが》かれていました。

それはこの教授の基盤の深いところには、時代からの差別観が流れ込んでいたからでしょう。基盤は地層のように、層状《そうじょう》をなしているものです。幼い頃の影響や社会全体に浸《しん》透《とう》している文化性などは、自分でも気づけない奥深くに根を張り、私たちを支配する力です。

基盤はデータバンク

もう一つ、基盤はデータバンクのはたらきをしています。情報の貯蔵庫《ちょぞうこ》であり、辞書のはたらきと言ってもよいでしょう。

生まれた時代が違えば、持っている情報は全く違います。場所が変わっても違ってしまうでしょう。

生まれ育った時代や環境（地域）、知人や家族、両親から流れ込《こ》んできた生き方や考え方のすべてが、そこに貯蔵されているということです。

今はすっかり忘れてしまっているようなことでも、私たちが経験したことの一切《いっさい》は、そのとき持った感情と一緒になって貯蔵庫に蓄《たくわ》えられています。

幼《おさな》い頃によく聞かされた言葉や話、繰《く》り返し見せられた行動、そこに漂《ただよ》っていた空気までが、しっかりと私たちの中には刻《きざ》み込まれています。

私たちは現実の瞬間瞬間に、基盤という辞書を引き続けています。そうやって擦《す》り合わせ、その意味を考え、対処の仕方を探《さが》し出しているのです。

それを意識することなく自動的に無自覚にやっているのが、普段の私たちと言ってよいでしょう。

つまり基盤とは、生き方のマニュアルでもあるということです。生まれてから経験してきた「こうすればうまく行く」「こうすれば失敗する」といった体験上のノウハウを蓄えているのです。

幼い頃に、甘えることを覚《おぼ》えて母親に言うことを聞いてもらえた人は、大人になっても同じやり方をするでしょう。

嘘《うそ》をついてうまくごまかせたと思った人は、嘘をつくことに平気になってゆくのです。だから、もし、辞書にない言葉に出会ってしまったら、途端《とたん》にうろたえることになるのです。今まで一度も出会ったことも経験したこともない事態に直面したとき、自動的には応《こた》えられないからです。異質《いしつ》な文化に接《せっ》した人たちは皆、その経験をしています。そしてそのときには、それだけ自覚的な意識になっているのです。

逆に言えば、自分に流れ込んで来なかったものは、ほとんど取り出すことができないということです。

万事控《ばんじひか》え目に出しゃばらずに行動することを旨《むね》とする家庭に育った人が、自己主張を求められたら、とまどわずにはいられないでしょう。

他人《ひと》に対する信頼感のない家庭に育った人たちは、信頼感をもつということがどういうことか、なかなかわからなくなります。

愛なき両親に育てられた人にとっては、誰《だれ》かから愛を注《そそ》がれない限り、自分からは取り出しようのないものとなるのです。

ことにアメリカで取り上げられている幼児虐待《ようじぎゃくたい》の問題は、いたたまれない事実を示しています。幼児虐待を行なう大人たちの多くが、実は幼児期に虐待を受けた経験があるということです。人間には、そのような経験をいくら嫌《きら》っていても憎《にく》んでいても、それを思わず取り出してしまう哀《かな》しい性《さが》があるのです。

同じように、自殺者の中に、両親や身近な親戚《しんせき》に自殺者を持つ人が多いということも、無意識を動かす基盤の、何とも言えない哀しさであり、恐《おそ》ろしさではないでしょうか。

陰《かげ》の支配者として私たちを動かす基盤。その影響下にいる限り、私たちは知らず知らずのうちに、そのまま流されてゆくほかありません。

けれども、生まれ、育ちによって決まった基盤の生き方を、ただ繰《く》り返してよいのでしょうか。

そこに届《とど》いている無数の呼びかけに、心を留《と》めなくてよいのでしょうか。

私たちが持って生まれた願い、そしてそれゆえの疼《うず》きを強い流れの中にうずもれたままにしておくことはできないと思うのです。

自由は基盤と向かい合うことから始まる

あなたは疑問に思われたことがないでしょうか。なぜ人間は、今日に至《いた》るまで同じ過《あやま》ちをかくも繰《く》り返すのだろうかと。

人間に生き方の指針を与えた先達《せんだつ》は、イエスや釈尊《ブッダ》をはじめとして数多く存在し、いずれもが深い教えを示してくれています。私たちが何を大切にして、どう生きるべきかは、すでに十二分に示されているると言ってもよいでしょう。

愛を大切にしなければならない。

慈悲《じひ》を注《そそ》いで生きるべきだ。

智慧《ちえ》を産《う》むことが肝心《かんじん》だ。

礼《れい》を尽《つ》くさなければならない。

——そして、何をしてはならないかも、私たちはわかっているはずなのです。

他を傷《きず》つけ害《がい》してはならない。

他を裁《さば》いてはならない。

私利私欲《しりしよく》に走ってはならない。

私たちは、何をすべきで何をすべきでないか、すでにわかっているのです。しかし、わかっていても容易に実行できるわけではありません。

なぜ人間はそのように生きられないのでしょうか。

人は相変らず自分中心の想いを持ち続けています。怒《いか》り、謗《そし》り、妬《ねた》み、恨《うら》み、僻《ひが》み、傲《ごう》慢《まん》、欺瞞《ぎまん》、疑念《ぎねん》、愚痴《ぐち》、怠惰《たいだ》といった自我《エゴ》の想念に翻弄《ほんろう》され続けています。乗り越えようとしてきたにもかかわらず、ずっとそうであるとしたら、そこにこそ私たちが見つめなければならないことがあるということではないでしょうか。

一方では争《あらそ》いを否定しながら、他方では、これほど好戦《こうせん》的な生物はいないと言えるほど人間は争いを繰り返してきました。人類史においても、世界中に戦争のなかった時代はごく限られていると言います。

そして人間がいくら平和を望み、融和《ゆうわ》を求め、慈悲と愛によって智慧を尽くそうとしながらも、ことごとく挫折《ざせつ》してきたのならば、そこにこそ、人間について私たちが真剣に考えなければならないことがあるのではないでしょうか。

なぜそう生きられないのか。

一体、何が本当の問題なのか。

そのことを解決してゆくためには、何が必要なのか。

傷つけまいとしても知らず知らず傷つけてしまう。正しく生きたいと思っても、正しさそのものが自分中心になる。愛を大切にしたいと思っても自分なりの愛になってしまう。気づかぬうちに私利私欲に傾《かたむ》かざるを得ない。それはみな意識と無意識を支配している基盤の問題なのです。

そしてそれゆえに私はそのためのステップとして、基盤を見つめることが必要だと思うのです。陰《かげ》の支配者との対話から、心の自由が始まるのです。

意識のエンドレス・テープを解《ほど》く

もっと深くとらえるならば基盤の問題は、魂と肉体という異質《いしつ》なもの同士を結びつけているところにあります。魂は魂で、霊的な法則に調和しており、肉体は肉体で自然法則に全く一体化し調和しています。しかし人間の意識だけが、基盤に支配されて、いずれの法則にも調和しきれずに勝手に動いているのです。それは、肉体の生理と魂の願いという、異質な二者から引き継いだ基盤の性質から起こっていることです。

たとえば、肉体の生理からは自己保存（防衛《ぼうえい》）という性質、魂からは成長（進化）の欲求という性質が基盤に流れ込《こ》んでいます。その結果、基盤は二つが混じり合った矛盾《むじゅん》に満ちた性質をもつことになるのです。自己拡大やナンバーワン志向の傾《かたむ》きも、両方の性質が相まって生じるものです。

念を押しておきたいのですが、基盤は決して言葉の上の概念的なものというわけではありません。それは意識の中に実体的な形を持っているものなのです。私はそれを瞑想《めいそう》と霊《れい》的な歩みの中で確かめてきました。

私たちの基盤には、すべての記憶が保《たも》たれています。その中には光と闇《やみ》、喜びの体験もあれば、こだわりや恐怖の体験もあります。光景、音声、匂《にお》い、温度、感情、考えなどがすべて一緒に記録されているテープになっていて、一つの空間をつくってしまうような記憶なのです。こだわりやとらわれは、それぞれに、このエンドレス・テープ（終わりなく繰《く》り返されるテープ）をつくっています。

そのテープは過去の記憶に過ぎないのに、何度も回《まわ》り続けて自分の心を支配してしまうのです。印象や刺激によって繰り返し、そのテープの支配を受けてしまうのです。自分の心の中にある雰囲気や気配《けはい》を外の世界に投影《とうえい》して誤《あやま》った見方に陥《おちい》るのです。それが基盤の現実です。

私はこのことを光の存在との出会いによって教えられました。そして、そのような自分の中にあるこだわりやとらわれに対して、まず許《ゆる》せる想いへと導《みちび》くことが、意識のテープを解き、基盤を超えてゆく第一歩になるとわかったのです。

賢帝《けんてい》だったネロ

暴君《ぼうくん》の代表のように考えられているネロもまた、基盤に翻弄《ほんろう》された一人でした。彼の人生には、基盤を持たざるを得ない人間の不自由さと哀《かな》しみがあふれているように思われるのです。

紀元一世紀の半ば、ローマの皇帝であったネロは、先に挙《あ》げたヘスやアングリマーラなどと同じように、人間に共通する闇《やみ》を噴《ふ》き出させた人物でした。ネロは狂暴《きょうぼう》な専制《せんせい》政治を強行《きょうこう》し、母親を始めとして、周囲の人々を次々に殺害した暴君として知られています。また有名な話ですが、ローマが大火《たいか》に見舞われた時も、彼は自分にかけられた嫌疑《けんぎ》を消すために、キリスト教徒に罪《つみ》を着《き》せて、実におびただしい数の人々を虐殺《ぎゃくさつ》しているのです。そして、悪逆《あくぎゃく》の限りを尽《つ》くしたあげく、ネロは三十歳という若さで帝位《ていい》を追われ、短《たん》刀《とう》で自殺をして果《は》てるのです。何とも悲惨《ひさん》な人生でした。

こうした彼の生涯《しょうがい》を見るとき、多くの人々は自分とは全く違う、何か悪鬼《あっき》のような印象を受けるに違いありません。

けれども、ネロとて、生まれた時から暴君だったわけではありません。皆と同じ、何もできない無力な一人の赤子《あかご》にすぎませんでした。

少年時代のネロは、音楽や詩が好きな心優《こころやさ》しい少年でした。そして十七歳で帝位に就《つ》き、最初の五年間は、ローマ史上で最《もっと》もよき治世《ちせい》であったと言われるほどの善政《ぜんせい》を敷《し》いたのです。

ネロは、今日でも当たり前になっている政治的な献金《けんきん》にも非常に厳《きび》しく臨《のぞ》み、少人数であった裁判の陪審制《ばいしんせい》も人数を増《ふ》やして公平を期《き》するなど、政治の腐敗《ふはい》や悪弊《あくへい》を刷新《さっしん》するような努力をしました。

また、その後の彼とは全く逆なのですが、拳闘士《けんとうし》を闘《たたか》わせる見せ物に対しても「こんな残酷《ざんこく》な殺し合いを自分はさせたくない」と中止を命じ、死刑の決定を下す時にサインをしながら、悲しげに「自分がもし字が書けないなら、彼を死刑に追い込むことがなかっただろうに」と言ったというのです。

後に残虐《ざんぎゃく》な行為をあらわしたネロとのあまりの違いに、私たちは驚《おどろ》かずにはいられません。一体彼の残虐さは、いつからどのように芽生《めば》えていったのでしょうか。

ネロはなぜネロになったのか

ネロが生まれた時代、ローマは永遠の都《みやこ》と言われるほど、繁栄《はんえい》の絶頂にありました。それだけに、そこは権力や富を渇望《かつぼう》する人間たちの野心や欲望の坩堝《るつぼ》でした。当時のローマが人間の醜悪《しゅうあく》さを引き出す絶好の条件を備《そな》えた場所であったことも確かです。

そして、ネロにとって何よりもの不幸は、母親のアグリッピナが権力に対する並外《なみはず》れた野心をもっていた人だったことです。ネロを生んだとき、彼女はまだ普通の貴族でした。やがて彼女は、前夫との間の子どもであるネロを連《つ》れて、皇帝と結婚することになるのですが、それは、ネロをいつか帝位に就《つ》かせたいとの野望からの選択でもあったのです。

ネロの勉強の内容も進路も、すべてこの母親によって決められました。ネロが好きだった音楽や詩も、皇帝になるにはふさわしくないと退《しりぞ》けられてしまったのです。皇帝になるために必要と考えられたものだけが、ネロに与《あた》えられました。

こうして非常に支配的な母親のロボットとして、ネロは青年時代まで過ごすことを余儀《よぎ》なくされるのです。つまり、そういう母親との関係が、そのまま基盤になってしまったわけです。

その特徴の第一は、きわめて依存心の強い、その上、自己中心的な幼児性です。いわばネロは、過保護に育てられた「子ども」のままだったのです。

しかも、ネロが母親から注《そそ》がれたものは、彼女自身の野心《やしん》であり、情熱であって、愛情ではありませんでした。アグリッピナは自分の空洞《くうどう》をネロによって埋《う》めようとした結果、彼の心に、本人も周囲も気づけない空洞をつくってしまったように思います。

彼は、不安の空洞と不寛容《ふかんよう》な幼児性の両方をもって、権力の頂点に立ったのです。周《まわ》りはすべて彼にかしずき、彼を崇《あが》めました。

けれども、やり場のない不完全感、焦燥《しょうそう》感は消えることなく、見えない情念として心の底《そこ》でうごめいていたのです。

彼は自分で自分を信じられず、他人に対しても、母親から流れ込《こ》んでいた根強い不信感がありました。

やがてネロは、皇帝としての権力に目覚《めざ》めてゆきます。命令の力、人を自分の意のままに操《あやつ》る快感、支配の快感――。刹那《せつな》的ではあっても、自分が手にした権力を駆使《くし》することによって、自分の中のもやもやした、何とも言えぬ無力感や自信のなさを吹き飛ばすことができるのを知ってしまったのです。

彼はまるで、子どもが自分の気に入らないオモチャを床《ゆか》に叩《たた》きつけたり、自分が欲しいものであれば、他人の皿からでも手づかみで取って食べてしまうように、傍若無人《ぼうじゃくぶじん》に振《ふ》舞《ま》ったのです。

やがて、自分を抑《おさ》え込《こ》んだ最《もっと》も脅威《きょうい》であった母親に対する憎《にく》しみと怒《いか》りが、ネロの中からせきを切ったようにあふれ出しました。それと比例して、権力を歯止めなく行使《こうし》するようになり始め、ネロは暴君へと変貌《へんぼう》してゆきました。

アグリッピナの人生

なぜネロは、それほどの暴力へと駆《か》り立てられなければならなかったのか。その一つの鍵《かぎ》が、ネロと母親の関わり方にあることは確かでしょう。けれども、それだけではまだ多くの疑問が残ります。もっと根深いものがあったとしか思いようがありません。

それは、アグリッピナ自身に流れ込《こ》んできたものにあると思われるのです。

ネロの人生を決定づけたアグリッピナはなぜ、あれほどの執着《しゅうちゃく》や野心《やしん》を抱《いだ》いたのでしょうか。

アグリッピナの父親ゲルマニクスは、「端正《たんせい》な容姿《ようし》と胆力《たんりょく》は比類《ひるい》なく」と歴史家によって書かれているように、ローマのアイドルでもありました。けれどもアグリッピナが四歳の時に、わずか三十四歳の若さで死んでしまいます。

一方母親は、時の皇帝ティベリウスから疎《うと》んぜられ、流刑地《るけいち》でむごい仕打ちを受けたあと、自ら食を断《た》ち、憤死《ふんし》しました。沢山《たくさん》いた兄弟たちも次々と殺されました。それらを幼《おさな》いアグリッピナはじっと見ていました。

そして彼女自身も、残虐非道《ざんぎゃくひどう》なティベリウス帝から常に脅《おびや》かされ続け、長い歳月を恐怖と不安に怯《おび》えて過ごしたと言われています。

わずか十三歳で結婚させられた夫ドミティウス（ネロの父親）は、残酷《ざんこく》で放埒《ほうらつ》な人でした。やがてティベリウスから兄カリグラに帝位が移《うつ》り、ホッとしたのもつかの間、陰謀《いんぼう》のかどで兄のカリグラから断罪《だんざい》され、二歳のネロを置いてコルシカ島へ流されたのです。

物心《ものごころ》ついた時から絶《た》え間なく襲《おそ》いかかった災厄《さいやく》に弄《もてあそ》ばれ、アグリッピナの心は傷《きず》つき、痛み、歪《ゆが》んで、信じるものを失ったのです。父親の未来を奪《うば》ったもの、母親を無念のままに憤死させたもの、人間や世間、そして運命そのものに対する恨《うら》み、怒《いか》り、許《ゆる》せない想い――。情念の嵐《あらし》は彼女の中で渦巻《うずま》き、勢いを持ち、しだいに大きくなってゆきました。

そして、彼女が文字通り命がけで選んだ巻き返しの道。それがネロを皇帝にすることだったのです。のるかそるかの一大博打《ばくち》であり、危険極《きわ》まりない道でした。失敗すればすべてを失うことは必至《ひっし》です。

けれども彼女は、その道を選ばずにはいられなかったのです。それ以外の道は、もう考えられませんでした。そしてとうとうわが子、ネロの手にかかって人生を終《お》えるという無《む》残《ざん》な最期《さいご》を迎《むか》えるのです。自ら招《まね》いた結末とは言え、悲惨《ひさん》な終わり方でした。

母子の結びつきは言葉を超えたつながりです。ネロは胎内《たいない》に宿《やど》ったときすでに、このアグリッピナの情念や野心を、種子《しゅし》のように内に孕《はら》んでいたのです。それが彼の基盤の根底に刻《きざ》みつけられていました。そればかりではありません。彼の中には、父方からの放埒で残虐《ざんぎゃく》性を持つ意識の遺伝子《いでんし》や、当時のローマに漂《ただよ》っていた退廃《たいはい》的享楽《きょうらく》的な空気のすべても流れ込んでいたと言うべきでしょう。

それらがネロを動かしていた基盤——陰《かげ》の支配者の横顔です。

人間に流れ込《こ》むもの

人間が肉体を持ってこの世に生まれるということは、このように、生まれた場所にあったものをすべて否応《いやおう》なく、「見えない遺産《いさん》」として引き受けるということです。

さらに言えば、遠い昔から先祖代々流れてきた意識の河《かわ》が運んできた意識の遺伝子《いでんし》、生まれた時代、地域のものの見方、考え方、民族の無意識などすべてを、自らの基盤の根底《こんてい》に刻《きざ》んで人生を始めることになるのです（そしてそこには、私たちが魂の存在として抱《いだ》いてきた、遥《はる》かな過去からの願いと業《ごう》も流れ込んできています）。人生は決してゼロから始まるのではありません。自分以前の人間が昇《のぼ》ってきた階段の上に人生は築《きず》かれてゆくのです。

一人の人間に流れ込むものは、それほどに重いものでしょう。そして、肉体の遺伝子がすべて一度に顕在化《けんざい》するわけではないように、基盤に刻まれた意識の遺伝子も最初から現われるわけではありません。キャリア（保菌者《ほきんしゃ》）であっても、必ず発病するとは限らないのと同じで、時期に応《おう》じて、訪《おとず》れる「縁《えん》」、「きっかけ」によって、ある日、ある時、働き出すのです。

ネロの中に潜《ひそ》んでいた暴力の遺伝子は、権力の座《ざ》に就《つ》くという縁によって引き出され、働き始めました。ネロに限らず、多くの人々が地位や名誉、財産を手に入れると同時に、人格が変わってしまうというようなことは、よくあることです。

ネロが行なった権力の座の守り方、欲望の果《は》たし方、享楽《きょうらく》の貪《むさぼ》り方などの一つ一つの「型」には、先祖や時代、そして皇帝の椅子《いす》から流れ込んできたものが映《うつ》っています。それは、ネロの前の三代の皇帝たちも、ネロと同様の残虐非道《ざんぎゃくひどう》さを持ち合わせていたことからもよくわかります。

このように、ネロがネロになってゆくレールは、彼の「生まれ」「育ち」の道のりの中にすでに敷《し》かれていました。彼は、そのレールの上を駆《か》り立てられるように進んでいったのです。

ネロをつくり出した時代

そして、ここでもう一つ考えておかなければならないことがあります。一人ひとりの人生は一本の途切《とぎ》れることのない道ですが、その道を横切っている無数の道があるということです。ことに、社会や時代との響《ひび》き合いは考えなければなりません。

先にも少し触《ふ》れましたが、ネロという一粒の種子《しゅし》から残虐《ざんぎゃく》性を引き出すような土壌《どじょう》が、社会、時代の側《がわ》にも用意されていたということです。

当時のローマでは、市民たちは最低の要求として、「パンとサーカス（見せ物）」を欲《ほっ》していました。サーカスとは、拳闘士《けんとうし》の試合、動物と人間の闘《たたか》いのことですが、そうした残《ざん》酷《こく》な格闘技《かくとうぎ》が、実はローマの人たちは元《もと》から好きで、それがなければ一日一日が暮《く》れてゆかなかったのです。コロセウムでは、何と一年に百日以上も、そのような見せ物が行なわれていたと言います。そして政治家たちは、市民の票《ひょう》を得るために競《きそ》って拳闘《けんとう》や競技会を増《ふ》やすことを公約《こうやく》しました。ネロがキリスト教徒を迫害《はくがい》し見せ物にしたのも、時代の中にそれを求める流れが強烈にあったからにほかなりません。

一人の人間の内なる闇《やみ》のエネルギーが、時代の人々の不満や不安のエネルギーと同調し、連鎖《れんさ》し、増幅して、思いもかけない悲劇へとつながっていったのです。残虐行為の引き金を引いたのは、ネロだけではなかったということです。

そしてネロの時ばかりではなく、独裁者《どくさいしゃ》とか暴君《ぼうくん》と呼ばれた人々が引き起こした歴史的な悲劇には、常にこれと同じ構造が見られるのです。

国家を滅《ほろ》ほす基盤

人々の基盤の呪縛《じゅばく》は、一つの国家の命運《めいうん》を分けることさえあります。否《いな》、国家の命運を分けてきたのは、実は多くの場合、民衆一人ひとりの意識であり、基盤だったのです。

紀元前三世紀に通商貿易《つうしょうぼうえき》によって栄え、そののち程《ほど》なく滅んだカルタゴという都市国家を動かしていたのも基盤でした。そのことについて、少し言及《げんきゅう》したいと思います。

カルタゴの経済の非常な発展ぶりは、今日の日本のようであったと指摘する人もありますが、当時のカルタゴ人の興味と関心は、ただただ富《とみ》の獲得と蓄積《ちくせき》に向けられていたのです。

カルタゴの人々が若者たちに教育したことは、仕事に対する熱意、商売に対する機敏《きびん》さ、金銭に執着《しゅうちゃく》すること、富への情熱的な欲求、どんな条件の下でも利益を確保できる判断力、つまり強者に対してはへつらい、弱者に対しては非常に傲慢《ごうまん》な態度で臨《のぞ》むことでした。

彼らは、今の日本と同じように小さな家に住《す》み、とにかく富の獲得と蓄積に明け暮《く》れていました。注目すべきは、カルタゴがそれほどの富を何の目的で集中させたのかがはっきりしなかったということです。カルタゴの人々は、富を蓄《たくわ》えることそのものが目的であるかのようにただ蓄積させていたのです。いわば、理念のない国家とも言える状況でした。

ローマはそんなカルタゴに脅威《きょうい》を覚《おぼ》えはじめます。ついにポエニ戦争が起こり、カルタゴはローマから三度の戦いを強《し》いられるのです。理由のわからない拡大に対して、周囲は不安を覚えるものであり、当然の成《な》りゆきとも言えました。

しかしカルタゴは、自分の国の経済力が、周囲にそんな脅威を与えていることには全く気がついていませんでした。二度目に敗《やぶ》れたとき、カルタゴは莫大《ばくだい》な賠償《ばいしょう》金を課《か》せられながら、その天文学的な賠償金をわずか五十年で返済しています。それはローマに更《さら》なる脅威を確認させる証拠以外の何ものでもありませんでした。そしてローマはとうとう、三度目の戦争でカルタゴを壊滅《かいめつ》するのです。

カルタゴに呼びかけがなかったわけではありません。二度のローマとの戦争で気がつくべきことがあったはずです。けれどもカルタゴの人々の生き方、基盤は変わりませんでした。彼らの関心も、価値観もライフスタイルも変わらなかったのです。

飽《あ》くことなき富の追求に彼らを駆《か》り立てていった陰《かげ》の支配者を、彼らの眼はとらえていなかったでしょう。横を向いても前を向いても、後ろを振り返っても、それを良しとする人しかいないからです。

カルタゴの滅亡《めつぼう》とは、自国の基盤に対する無知と、ローマの基盤への不理解ゆえに引き起こされた悲劇だったのではないでしょうか。

そしてカルタゴが、もし仮にローマに攻《せ》め入られることがなかったとしても、やがて必ず何らかの衰退《すいたい》を見ていたと、私には思われます。

なぜなら、富の蓄積とは、一時的な目的とはなりえても、最終的な目的とはなりえないからです。そして目的や理念のない組織は、決して存続《そんぞく》できるものではないのです。

つまり、そのような国家の基盤をカルタゴの人々はつくり上げていたと言えるでしょう。カルタゴの一人ひとりの人生の基盤が、国家の基盤にそのまま反映していたのです。

基盤の原点

私たちが今、どのような基盤に動かされているのかと言えば、それは、一人ひとりに違いがあります。どんな境遇《きょうぐう》に生まれ育ったか、どんな両親の下《もと》で育ったかによって、大きく違ってしまいます。

しかし、違いを持っていても、基盤がどのようにしてつくられるかというプロセスだけは、どんな人にも共通した法則なのです。それでは、私たちの基盤は一体どのようにつくられてきたのでしょうか。

基盤の原点。それは母親の胎内《たいない》にあります。

母親の胎内——まるで聖書に書かれているエデンの園《その》とも言うべき安らかで安全な場所、そこが私たち人間のはじまりのために用意された場所です。

胎児がそこで驚異的な成長を示す様《さま》は、その安らかさのほどを物語っています。その安住の地から私たちが旅立《たびだ》つときの記憶が基盤の奥深くに刻《きざ》まれているのです。

胎内生活の後、温《あたた》かく境目《さかいめ》がなく、母親と一体だった安心から切り離されるのが誕生です。全く孤独《こどく》に生きなければならない出発、根こぎの存在としての誕生——。

それが、どの胎児も経験した、最《もっと》も大切な基盤の原点なのです。

時が満ちて陣痛《じんつう》が始まり、ものすごい力の圧迫と弛緩《しかん》のリズムにのって産道《さんどう》をくぐり始めた赤子はなおさらです。漠然《ばくぜん》としていた皮層感覚が、産道にこすられることによってはっきりとし、自分の輪郭《りんかく》を意識する、自他の区別の始まりだったのです。

そして、肺呼吸に切り変わる瞬間は、私たちが体験した臨死《りんし》状態であったと言っても過言ではありません。その時感じた窒息《ちっそく》感、閉塞《へいそく》感が、恐怖の原体験として基盤に刻まれているのです。誰《だれ》もが恐怖を、行き止まり感や閉塞感と結びつけるのはそのためでしょう。

やがて私たちは、全身を大きく波打たせ、しゃくりあげるようにして外の空気を吸い込み呱々《ここ》の声をあげる——。誕生のときです。たとえようもない開放感をそこで味わいます。

私たちの「平安」の原型が胎内生活であるように、人生で味わう「苦痛」や「快感」の原型も、この誕生にあると言ってよいでしょう。

こうした時を通り過ぎなかった人は、誰一人いないのです。

基盤の法則——人生の鉄則《てっそく》

そして、誕生以後も私たちは、共通の法則（人生の鉄則）に従《したが》って基盤をつくってきました。

投げ出されるように誕生した赤子《あかご》。それは食糧も道具も舵《かじ》もなく、海図《かいず》も羅針盤《らしんばん》もなく、大海《たいかい》に浮かぶ一艘《いっそう》の小舟《こぶね》です。海はいつ荒《あ》れ出すかも知れない。星一つない真《ま》っ暗《くら》な夜も来る。それなのにこの舟に、何のために乗《の》っているのか、どこを目指そうとしているのかも思い出せず、ただ波間《なみま》に漂《ただよ》うばかり――。

私たちの人生の始まりは例外なく、そんな危険な冒険のようなものでした。何もできない無力な出発です。大地から切り離された樹木《じゅもく》のような根こぎの存在として、不安と根本的な恐《おそ》れを持つ存在として始まりました（不安の鉄則）。

それは他のどんな動物に比べても、特別に未熟《みじゅく》な嬰児《えいじ》の時代です。未熟で弱かったから、誰《だれ》かに頼らなければ生きられません。まるで全能の神のように見える母親に、すべてを委《ゆだ》ねて生き始めたわけです。母親の姿を追い、母親の言葉を繰《く》り返し、母親のしぐさをまねる。母親の言うことに合わせれば安心だと感じていたのです。

ですから、どんな人の基盤も「依存」の傾向を強く持つことになります（依存の鉄則）。「依存」の生き方とは、相手次第の生活です。それだけに相手のことを気にせざるを得ません。相手の眼、相手の様子に一喜一憂《いっきいちゆう》することになります。他人を「審判者《しんぱんしゃ》」「判定者」として見る感じ方が基盤に刻《きざ》まれるのです。他人の眼をどうしても気にしてしまうのは、ここから生じる傾《かたむ》きでしょう。

また、胎内《たいない》から切り離された根こぎの存在である私たちは、自分より強く大きく、確かそうに見えるものをすべて、コピーせずにはいられないのです。母親から父親、そして家族の兄姉、学校の友達や先生、さらに本や雑誌、テレビと、私たちは自分の世界を広げつつ、確かそうに見えるものをその場その場で貪欲《どんよく》に吸収してきました。

私たちが吸収してきた言葉や考え方、判断の仕方、常識や習慣、価値観、行動の仕方などは、みな確かだと感じていたもののコピーなのです。そうして私たちは自分を迎《むか》えてくれた環境や時代の中で、数え切れないものを自分自身のものにしてきました。

つまり私たちの基盤は、「幾百幾千《いくひゃくいくせん》の他人《たにん》」によってつくられているのです（幾百幾千の他人の鉄則）。

そして、その確かさを測《はか》ってきた尺度《しゃくど》は、快苦《かいく》の尺度です。無力な私たちが最初に使うことができたのは、それだけでした。肉体感覚の「快苦」から始まって、生き易《やす》くさせてくれるもの、つまり「安定」や「自由」を与《あた》えてくれるものを「快」とし、それを阻《はば》むものを「苦」として、いかに「快」を自分のものにするか、いかに「苦」を排除《はいじょ》するかということを生まれて以来繰り返してきました。「基盤」には快苦を尺度とする回路が入っているのです（快苦の鉄則）。

「人生の基盤」はこのようにしてつくられてきたわけです。それが、避《さ》けることのできない人生の条件でした。

人天《にんでん》の係蹄《わな》から生まれた基盤

そしてその結果、人は肉体をもって生き始めるにあたって、意識に共通の傾《かたむ》きをどうしても持たざるを得ないのです。

それは、人が生まれたからには、そうならざるを得ない必然でした。誰《だれ》もが逃《のが》れられない仕組みでした。だから釈尊《ブッダ》は、悲苦《ひく》をもたらす人生を「人天《にんでん》の係蹄《わな》」と呼ばれたのではなかったでしょうか。

少なくとも、人生とはそのようなものであるとの覚悟《かくご》が必要です。基盤を学んでゆくと、人間がそこから出発するほかないことがわかるのです。

① 快苦、利害が尺度になる

たとえば、快楽や物質的な欲望を求めるのは、人間にとって否定のできない事実です。決して軽んじることのできない原則です。

自分にとって「快」であることを引き寄せ、なるべく「苦」を避《さ》けるという生き方は非常に自然な生き方です。これは先に述《の》べたように、肉体の生命維持を至上命令として基盤がつくられ始めるからです。善悪、利害、価値の有無などもすべて、この快苦の尺度が土台になってつくりあげられています。

ですから、それをそのまま受け継《つ》いだ意識は、どんなに高級な価値を装《よそお》っていても、何もかも自分がやりたいようにやりたいという自己中心性、独《ひと》りよがりな傾向が強くなりがちです。

②　孤独感に弱い

人間の意識は、他人の眼《め》を基準にしてきた基盤の影響下にあります。つまり、他人の眼の同意や支持《しじ》があって、はじめて安定できるのです。自分一人だけでは自分を安定させることさえできないのです。

人間になるということは、根を失《うしな》うことを意味し、何か頼りとするものを外に求めずにはいられなくなることを示しています。独りになることを極端に恐《おそ》れ、流れに流され、多数派に傾いてゆくことなのです。

③ 違い、比較に敏感である

基盤は人との共通点を探《さが》すより、違いを探す方が得意です。人との違いを認識し、比較することによって自分をつくってきたからです。人と出会った時、この人は自分と同種《どうしゅ》か異種《いしゅ》か、自分より上か下かをとっさに読み取ろうとします。社会的地位や立場、能力、財産、学歴等を比較して優劣《ゆうれつ》をつけようとする衝《しょう》動《どう》を持っているのです。差別したり、区別をしたがる傾向がそれだけ強いということでしょう。

そして、自分が優位に立つこと、ナンバーワンになることを求めます。無意識のうちに、自分以下の存在をつくろうとするのです。これは人種や階級による差別に満ちた社会がつくられてゆく原因とも結びつく傾きです。

④ 外に悪の原因を見出《みいだ》す

基盤は非常に依存的です。誰《だれ》かに守られて当然だと思っています。寄《よ》らば大樹《たいじゅ》の陰《かげ》といった傾向がとても強いのです。そのために、自分にとって不都合《ふつごう》なこと、困難なことが起こると、その原因を外に見出そうとするようになるのです。人生や運命を恨《うら》んだり呪《のろ》ったりするのも、ここに原因があるでしょう。

⑤ 確かなものを外に探そうとする

無力から始まった人間は、どうしても自分の内側は空虚《くうきょ》、空《から》っぽで、外側に何か確かなものがあると思い込《こ》むのです。ですから、獲得へ獲得へと駆《か》り立てられてゆき、喪失《そうしつ》を恐れるのです。喪失は悪いこと、損《そん》すること、獲得は良いこと、得することと頑《かたく》なに思い込んでいるのです。ですから、地位、名誉、社会的立場、学歴などを自分を証明するブランドとして獲得しようとするのです。

基盤ゆえに、私たちの意識がもつ傾きはまだ他にもあります。幾百幾千《いくひゃくいくせん》の他人《たにん》の考えや意見が飛び出してくる一貫性《いっかんせい》のなさや近視眼的《きんしがんてき》な傾向、遠いものより近いものを過大に評価し、見えないものより見えるものに、ひかれてしまうといった傾きです。

たとえば、本当の信頼と、利《り》をあてにした媚《こ》びの関係とをすぐ見誤《みあやま》ってしまいます。勇気と蛮勇《ばんゆう》を見誤るのも同じでしょう。一見勇気に見えて、恐怖心の裏返《うらがえ》しでしかないということがあるのです。人間はこのような真偽《しんぎ》を見分けるためには、あまりにもたくさんの弱点を基盤ゆえに持ってしまうのです。

そして何よりも、基盤に動かされている意識は、無自覚さという特徴を持っています。よもや自分がそれに支配されているとは思えず、自分のことがわからず、それまでの生き方をそのまま続けようとするからです。自分の内側を見つめることが苦手で、同じことを繰《く》り返してしまうのです。

これは決して誇張《こちょう》ではありません。生まれたらそうならざるを得ない、人間の心の宿命、意識の宿命なのです。

しかし、自由なる魂へ

愛なき家庭に生まれた人にとって、心を歪《ゆが》めずに温《あたた》かな心を育てることがどんなに大変なことであるか。たとえば、人の好意を素直に受けること。愛を注《そそ》がれて育った人には何でもないことが、その人には超えがたい壁《かべ》になるのです。

貧《まず》しい境遇《きょうぐう》に育った人が富《とみ》に執《とら》われずに人生の時を送ることは、奇跡《きせき》にも近いことです。また、ちやほやされて甘やかされて育った人がものごとの責任を取るというのも、至《し》難《なん》のことかもしれません。

カルタゴの時代に生まれたら、富だけを必死になって求めても、何の違和感もありません。むしろ、そうしないことの方が異常でしょう。

ヒトラーの時代にドイツに生まれながら、ナチスに「NO《ノー》」と言うことは、ほとんど不可能だったはずです。

ただでさえ肉体を持つことで自分中心の意識をつくり出す人生が、様々な条件により、縁《えん》により、それ以上に歪《ひず》みを強めざるを得なくなるのです。

人生の条件――生まれと育ちにまつわる様々な条件は、その人の基盤となって人生を支配しています。その呪縛《じゅばく》から逃《のが》れることのできる人が、一体どれほどいるのでしょうか。

親鸞《しんらん》の言葉が思い起こされます。

自分には、一人として人は殺せないと言った弟子の唯円《ゆいえん》に対しての言葉。

「もしそうだとしたら、それはお前の心が良くて殺せないのではなく、そのための業縁《ごうえん》（業を引き出すきっかけ）がないから殺せないのだ」

もし、しかるべき業縁があれば、殺したくなくても手にかけてしまうかもしれない、親鸞はそう言って、人間の力の及ばない宿業《しゅくごう》の闇《やみ》を私たちに覗《のぞ》かせるのです。

親鸞が注目した業縁は、目覚《めざ》めている意識が及ばない力で、私たちを動かし支配しようとしている点で、基盤をつくり出す人生の条件、生まれと育ちのことに全く重なり合うように思います。

そうです。私たち人間は、どんな者にもなり得たのです。殺人者、詐欺師《さぎし》、極道……、そのような姿は、自分とは全く関係がないと思っている人が多いでしょう。しかしそれは、いくつかの糸がつながるだけで、私たち自身の現実だったかもしれないのです。

人生の条件、それらがつくる基盤とは、それほど私たちの運命を左右してしまうものではないでしょうか。

それなのに、その条件がこんなにもまちまちなのは、どういうことなのでしょうか。人間の能力は、それぞれの分野において優劣《ゆうれつ》があります。それは厳然《げんぜん》としています。その上でどんな才能を持って生まれてくるのか。才能ひとつとっても、その差は甚《はなは》だしく見えます。

性別、容姿《ようし》、資質、健康は、人によって全く違うものです。そしてそれも人生の現実を変えてしまうことです。

家庭によっても違ってくるでしょう。貧《まず》しいか裕福《ゆうふく》か、信頼のある家庭か否《いな》か、明るい家庭か否か、そのいずれかで、人生は大きく変わります。

それらの違いは、基盤の違いとなって人生を大きく動かすことになるでしょう。人生への影響は、決定的と言ってもよいほどです。

不平等だと言うなら、これほど不平等なことはないはずです。不平等きわまりない現実、理《り》不尽《ふじん》きわまりないことだと思うでしょう。

けれども、それをあえて引き受けるところに、私は人間が人間である所以《ゆえん》、人間が人間であることの尊厳《そんげん》があると思うのです。そしてそこに自由意思をもつ人間の、魂の自由性も示されているのです。

そこには遥《はる》かな過去からの人間の業の流れを引き受けるという意味があるからです。おびただしい悔恨《かいこん》と憤《いきどお》り、諦《あきら》めと失望、そして叫《さけ》びと祈りが入り混《ま》じった流れです。人間の罪《つみ》と悪のあらゆるきっかけとなった人生の条件も、そして、人間が伝えてきた深い闇《やみ》の力をも、あえて引き受けようとすることが人生の真髄《しんずい》ではないでしょうか。

誰《だれ》もが自分の人生に、自分の現実に大なり小なりの不本意《ふほんい》な想いを抱《いだ》いているでしょう。そして自分では気づいていなくても、陰《かげ》の支配者である基盤の束縛《そくばく》は受けているのです。

しかし、それもこれも、そうならざるを得なかった人生の仕組みがあったからのことです。どんなに嫌《きら》いな自分の性格でも、どれほど情《なさ》けない無力さでも、認めがたい過去の出来事でも、そうなるにはなるだけの理由と、やむを得ない事情があったのです。

そうならざるを得なかった事実は、涙と共にでなければ、私たち自身の胸深くに、本当に受け入れられることはありません。けれども、そうして受け入れられたとき、私たちは、他の人々もまた自分と同じように不自由さを抱《かか》え、同じ悩《なや》みを持っていたことに目を開かれるのです。自分だけが苦しかったのではない。同じように苦しんでいた人たちが無数にいたのだと――。

人間が本当に同苦同悲《どうくどうひ》の存在だと思えるときでしょう。

英語には、シンパシー（同情、共感）という美しい言葉があります。その語源を辿《たど》ると、「スュン」（共に）と「パトス」（苦しみ）というギリシア語です。つまり、苦しみを共にするという意味になります。同苦同悲の存在とは、同じ苦しみと同じ悲しみを共にする人間ということです。

釈尊《ブッダ》がアングリマーラに注《そそ》がれたまなざしを思い起こします。それは、決して罪《つみ》なき人間から罪人《ざいにん》へのまなざしではなかったと思われます。弱さと愚《おろ》かさの闇を抱える者として、その無明《むみょう》の闇の深い哀《かな》しみを自らも胸にもつ同苦同悲の存在として、釈尊はアングリマーラを慰《なぐさ》め、励《はげ》ましておられたのです。

人間はそのように共にあり、共に歩む存在なのです。

哀しくも切なくも何という恩寵《おんちょう》でしょうか。基盤が与《あた》える痛みの底《そこ》を通じて、私たちはつながっているのです。私たちは一人ではないのです。

そして、その基盤をあるがままに見つめることから、私たちはその束縛《そくばく》から少しずつ離れることができる。自由なる魂に近づくこともできるのです。基盤を知り学ぼうとすることが、その出発点です。

第四章　進化する魂

人生にダイビングする魂

魂にとって、この世に生まれてくるということは、まるで高い岩から海に飛び込《こ》むダイビングのようなものだと私は感じます。実に多くのリスクを背負いながら、それでも、私たちは新しい経験、まだ見ぬ世界に対する憧《あこが》れや期待感を胸に、この人生を始めようと決意したのです。

自分の遥《はる》か真下《ました》には、真《ま》っ青《さお》な海原《うなばら》がどこまでもどこまでも広がっている。海面は太陽の光を反射してキラキラと輝《かがや》き、一瞬一瞬新しい姿を見せては自分に呼びかける。何とも言えない心ひかれる想い――。

飛び込んでしまえば何が起こるかわからない。ただただ潮《しお》に流され、大波に呑《の》まれて溺《おぼ》れてしまわないとも限らない新しい始まり。それは大変な冒険であり、賭《か》けでもあります。

私たちが現に今、こうして生きているということは、その冒険の道を選んだということにほかならないのです。

河という河が運んできた人間の業《ごう》（カルマ）、あらゆる時代の人々が喜びや悲しみとともに流した涙や汗《あせ》や血のしずく、誤《あやま》ったものの見方や考え方、恨《うら》みや憎《にく》しみ、コンプレックス。そして蓄《たくわ》えてきた叡智《えいち》、育《はぐく》まれてきた愛……。そうした人間の光と闇《やみ》の一切《いっさい》が渾然《こんぜん》一体となった世界に飛び込み、それを我がものとするところから、すべての人生は始まったのです。

しかもその時、最《もっと》も大切な魂の記憶を失わなければなりませんでした。

一体自分は何者なのか、何のためにどこから生まれてきたのか、そうしたこの人生の大前提とも言うべき智慧《ちえ》をすっかり忘却《ぼうきゃく》し、心の眼も心の耳も閉《と》ざされた状態で、地図も持たずに生まれてきたようなものです。

そんな始まりを宿命的に背負った人間が、どうして迷《まよ》わずに転《ころ》ばずに歩むことができるでしょうか。「基盤」に翻弄《ほんろう》される人生を辿《たど》ることになったとしても、何ら不思議ではありません。

けれども、ここで着目したいことは、「基盤」に翻弄され、縛《しば》られる人間の哀《かな》しさ、弱さだけではありません。むしろ、これほど不自由になることを承知で、それでもなお、なぜこの現象界《げんしょう》にダイビングしたかったかということです。その理由《わけ》です。危険な賭けであっても、海の魅力にひかれずにはいられなかった魂の願いです。そこにこそ私たちが立ち還《かえ》るべき原点があります。

誰《だれ》もが人生に、どうしても果《は》たしたい願いを抱《いだ》いて生まれてきました。魂を進化させよう、この人生だからこそ、なせる仕事をなそうと生まれてきたのです。誰に強《し》いられたのでもありません。自分自身が抱いたその願い、その自らが誓《ちか》った「人生の仕事」こそ、私たちが最も思い出さなければならない重要なことなのです。

なくてはならない基盤

魂としての私たちが、その願いを果《は》たすためには、肉体を持たなければなりません。魂は肉体と出会うことによって、意識（表面意識）をゼロから育てます。その意識が人生の中でどう成長するかによって進化してゆけるのです。「基盤」は、魂と肉体を結びつけるのに不可欠なものであり、意識を大きく左右してゆく重要な鍵《かぎ》なのです。

第三章で見てきた通り、「基盤」の法則は魂を縛《しば》り、不自由にさせるものです。しかし魂は、その不自由さを脱《だっ》してさらに飛翔《ひしょう》する力を抱《いだ》いているのです。不自由にさせる条件を抱擁《ほうよう》して、逆にそれを自由へのバネとするだけの智慧《ちえ》を持っているのです。

それは、どんな法則も一つの条件でしかないからです。たとえば、この地球上では重力の法則から、誰《だれ》も逃《のが》れることはできないでしょう。この法則ゆえに私たちは空を飛ぶことができません。けれども同時に、その法則が大地に足をつけて歩むということを可能にしてもいるのです。問題は、この条件に呑《の》まれるのか、その条件をよく知って自分が主体的に活用するかでしょう。

手枷足枷《てかせあしかせ》にも等しかった数々の条件は、それと気づいた時、今度は魂の願いを具現《ぐげん》するための重要な手掛《てが》かりとなるのです。

言ってみれば、「基盤」とは、「卵《たまご》の殻《から》」のようなものだと思ってください。「卵の殻」は柔《やわ》らかく壊《こわ》れやすいヒナの生命を守るために、なくてはならないものですが、その殻の本当の目的は、やがてしかるべき時に壊《こわ》れて中からヒナを広々とした外の世界に生まれさせることでしょう。

同じように「基盤」の目的は、何もできない無力な存在から出発した私たちに、一人で生きられるためのマニュアルを与《あた》えることにあるだけでなく、それを超えて一人ひとりの中にある「いのち」——魂の願いを開花させることにあるのです。「基盤」を通じるからこそその願いを具現でき、自らの使命や人生の仕事に取り組む「新しい人間」となることができるのです。

殻を壊すことは苦痛を伴《ともな》うことにもなるでしょう。なぜなら、私たちは生まれたときからずっと、その殻の世界に慣《な》れてきたからです。

けれども「新しい人間」を生まれさせてはじめて、「基盤」は本懐《ほんかい》を遂《と》げるわけです。そうです。「基盤」とはそのための滑走路《かっそうろ》にほかなりません。そこから翔《と》び立ってゆく力を、私たちの魂は必ず持っているのです。

進化する魂

私たちは魂として、何度も何度も転生輪廻《てんしょうりんね》を重ねて、様々な人生を経験してきた存在です。

違う肉体、違う両親、違う時代、違う環境……、違う人生の条件――その都度《つど》つくられる違う「基盤」を引き受けるからこそ、魂は自らを錬磨《れんま》し、成長させることができます。

貧《まず》しい境遇《きょうぐう》か裕福な境遇か、平和な時代か戦乱期か、愛や信頼のある家庭かどうか、厳《きび》しい母親か優《やさ》しい母親か、姉か妹か、兄か弟かのいずれに生まれるかで、人生は大きく変わってしまいます。異《こと》なる環境を持ち、異なる「基盤」を持てば、そのとき解決すべきテーマも違えば、そこで学び得ることも違ってくるでしょう。

貧しく虐《しいた》げられた人生を経験したとき、魂はその中でこそ人間の絆《きずな》の重みを痛いほど感じることができるかもしれません。消しようのない罪《つみ》を犯《おか》してしまった人生を生きることで、魂は自分の中にある闇《やみ》と深く向かい合わざるを得なくなります。愛なき家庭に育った魂は、愛の大切さを求めることになるでしょう。また逆に、恵まれ通しの境遇に置かれた魂は、それだけ他人の苦しみを思いやる難しさを刻印《こくいん》するに違いありません。

魂は一回一回の人生の経験を通じて、新しく学び得ることを与《あた》えられるのです。自分とは何か、人間とは何か、宇宙とは何かという問いに向き合い、より深く目覚《めざ》めてゆくことでしょう。

そうやって業《カルマ》を修正し、願いを具現《ぐげん》して、魂の完成に向かって進んでゆく。わかっているつもりの自分を見つめ直し（自己探究）、あるがままの自分を受け入れ（自己受納《じゅのう》）、新しい自分となり（自己変革）、やがて自分自身を超えて（自己超越《ちょうえつ》）、宇宙の意志に自分を一致《いっち》させてゆく遠大な進化の道を私たちは歩んでいます。こうしたことからも転生輪廻することは魂の進化にいかに必要なことかと思うのです。

それは人生の中で引き受けなければならなかった「基盤」の重力から、自らを解放してゆくことであり、基盤に束縛《そくばく》された重く暗い意識を、光の方向へ、明るく軽く温《あたた》かい状態へと、導《みちび》くことでもあります。

重要なことは、そのように、すべての魂の進化を導こうとする「指導原理」とも言うべき流れがあることです。私たちがそれを意識するとしないとにかかわらず、遍《あまね》く存在と人生にはたらき、及んでいるということです。そして本人が意志を起こしさえすれば、一層あらわに人生全体に指導原理が働き始めるのです。

私が最近出会いを恵まれた、林さんという方の人生の場合もそうでした。

いわれなき災厄《さいやく》

大阪に在住の林哲治さん（仮名）は、現在六十歳、小さなコンビニエンス・ストアを営《いとな》みながら、全国パーキンソン病友《とも》の会の一支部で活動されている方です。

ご自身も患者として病《やまい》と向かい合いながら、多くの同じ病を背負う方々との交流やそのための機関誌づくり、励《はげ》ましの手紙を書くことなど、お忙《いそが》しい毎日を送っておられます。

その存在感のある風貌《ふうぼう》からは、人生の厳《きび》しい風雪《ふうせつ》に耐《た》え抜《ぬ》いてこられた年月が一筋《ひとすじ》の強い意志となって立ちのぼっていることを感じさせられます。

林さんのこれまでの人生は、まさに、その魂を深みへ向かって導《みちび》こうとするサイレント・コーリングが届《とど》いていたとしか言いようがない人生であったと思うのです。

昭和五十七年の発病《はつびょう》まで、林さんは大阪のある製材会社の専務として、かなり精力的に仕事をしておられました。幼《おさな》い頃から働き者でよく気がつき、人の何倍も働いてこられた方です。そういう生き方を良しとしてきた林さんでした。

ところが、そんな林さんの人生をがらりと変えてしまうことが起こります。ある日、林さんはコップを摑《つか》む動作が少し鈍《にぶ》いのを奥様から指摘され、はっとします。言われてみれば、全身の調子がおかしくなっていたのです。それからというもの、本当の原因がわからないまま、坂をころげ落ちるように具合《ぐあい》が悪くなり、とうとう寝《ね》たきりの状態になってしまったのです。いわれなき災厄としか言いようのない出来事でした。パーキンソン病であるとわかったのは、それから一年後のことでした。

パーキンソン病とは、難病《なんびょう》指定を受けている病気のひとつで、脳神経細胞の障害によって全身の様々な機能障害を起こす進行性の病気です。現在全国に二万人以上の患者さんがおられます。

林さんの場合も、言語障害や四肢《しし》の障害を起こし、顔の筋肉を動かすこともままならないほど、ほとんどの自由が奪《うば》われてしまいました。

ご本人の気持ちは、どれほどのものだったでしょう。何の予告《よこく》もなく「死」を突《つ》きつけられ、突然どこか見知らぬ土地に、ただ独《ひと》り連《つ》れ去られてしまうようなものです。大事に握《にぎ》りしめていたものをいきなりもぎ取られ、自分が懸命《けんめい》になって積《つ》み上げてきた一切《いっさい》が根こそぎ崩《くず》れ去ってゆくような衝撃《しょうげき》が彼を襲《おそ》いました。

そして、多くの場合がそうであるように、林さんが背負われた苦しみは、現実的な生活の不安を含《ふく》めたものでした。林さんは病気のために、長年勤《つと》めた製材会社を退職することを決心しました。そしてその退職金で将来のことを考えて、自宅に小さなコンビニエンス・ストアを開いたのです。が、すぐには予定通りの収入も入らず、経済的な苦境《くきょう》に立たされました。米びつの覗《のぞ》き窓《まど》に隙間《すきま》が見えると、次の米代五、六千円をどう工面《くめん》しようかと考える生活が続きました。

体の方も限界でした。パーキンソン病に狭心症《きょうしんしょう》を併発《へいはつ》、一日数度の発作《ほっさ》が続き、全く思うにままならない状態になっていました。着替えもできず、入浴、洗顔、歯みがきもできません。箸《はし》も使えず、寝返《ねがえ》りひとつできなくなっていたのです。とりわけ林さんがつらかったのは、自由にならない体の世話を、年老いた母親に看《み》てもらわなければならなかったことです。

「親の面倒をみるのが子のつとめなのに……」。不甲斐《ふがい》ない、耐《た》えがたい想いでした。自分は一生懸命やってきたつもりだ。なのに、どうして……。神も仏もあるものか……。そう呪《のろ》う気持ちさえ生じていたのです。

理不尽《りふじん》きわまりない仕打ちにさえ感じられたのです。

何もできなくなった体を横たえ、畳《たたみ》をかきむしるような想いで天井《てんじょう》をただ眺《なが》めるばかりの毎日――。

自分の将来のこと、家族のこと、妻《つま》のこと……。どこにも一条の光も見出《みいだ》せません。死を選ぼうにもロープをかける力もなかったと後で語ってくださいましたが、林さんは真《ま》っ暗《くら》な闇《やみ》の中に閉《と》じこめられたまま押し潰《つぶ》されてしまった心を抱《かか》えて、なす術《すべ》もなく、ただうずくまることしかできませんでした。

それは、ご本人ばかりではありません。こうした長患《ながわずら》いや、末期《まっき》の病人を抱える家族がそうであるように、林さんのご家族も、経済的、精神的な緊迫感の続く綱渡《つなわた》りの日々でした。思わぬ波風が立ったり、沈鬱《ちんうつ》な空気に閉ざされたりする中で、それでも希望を失わないでいることはどんなに大変だったことでしょうか。

奇跡的な回復

ところが、そういう状態だった林さんに、奇跡的な変化が起こったのです。症状の進行が緩慢《かんまん》になり、やがてストップし、さらには症状が軽減して快方《かいほう》に向かっていったのです。身動きひとつできない状態だったのに、今では顔色もよくなり、荷物《にもつ》を持って動き回《まわ》れるほどになっておられます。ご自身でも信じられないような変化です。発病後、五年余りの歳月がそこには流れていました。

私はその間数度お会いしましたが、車椅子《くるまいす》に乗《の》ってこられたのが、次は杖《つえ》になり、とうとう自分の足で歩み寄ってこられるまでになるという、めざましい回復ぶりには驚《おどろ》かされるばかりでした。表情にも何とも言えない明るさが取り戻《もど》されてきて、魂の輝《かがや》きがあふれ始めたのです。

それがどれほどあり得ないことかは、実際に医療の現場をあずかっている医師や看護師の方々はよくご存じです。普通はこの病気にかかると、進行はしても回復するなどということはまずないということです。林さんのこの不思議な回復の理由は、未《いま》だに医学的な説明がなされてはいません。実際にあり得ないようなことが、なぜ起こったのでしょうか――。

信念の限界が経験の限界

林さん自身は、人生の振り返りと祈りの時間によって救われたと確信しておられます。そして、その時間が心の変革をもたらし、肉体的回復につながったのではないかと思われるのです。林さんは絶望的な状況の中で、もがき苦しみながらも、その一方で自分が何を大切にすべきなのか、必死に探《さが》し求めていました。当時を振り返って、こう記《しる》しておられます。

「来る日も来る日もひとり病床《びょうしょう》でどうしたらこの苦しみから逃《のが》れることができるか、そのことばかりで頭がいっぱいでした。そして二年余りの月日は、筆舌《ひつぜつ》に表わせない心身の苦しみによって、のしかかるすべての重みに、耐《た》えがたいほどの痛みを味わいました。病状が一番厳《きび》しく苦しみのときに手にしたのが『祈りのみち』（拙著《せっちょ》、三宝出版刊）でした。この本を読み、沢山《たくさん》のことに気づかせていただきました。

しかし、読みかけては発作《ほっさ》が起こるので、読めない。おさまれば読むといった読み方でしたが、この本によって自分の人生を振り返ることができました。そして人間にとって大切なことは何か、人間としての目的とは何かが少しずつわかってきたのです」

多くの人たちは、そういう状態になると肉体の症状だけに気をとられて、自分を見失ってしまう。当然のこととして、どこの病院がいい、ここの病院がいいという話に心が揺《ゆ》れ動き、エネルギーの大半を使わざるを得ません。進行してゆく症状に圧迫《あっぱく》されて、自分もまさに同じだったと気づかれたのです。

林さんは奥様とご一緒に「魂を信じよう。そして私たちを生かしている神さまを信じよう」と誓《ちか》い合われたそうです。そして、祈りとともに心を建《た》て直す日々を重ねたとおっしゃっています。自分のありのままを全体の意志にあずけ、無心になることによって指導原理の流れに乗ったのでしょう。

「自分は肉体のことを祈ったのではなく、心の癒《いや》しのために祈りの時を持ちました」とおっしゃっているように、林さんは自分の心を生活の中心に据《す》えたのです。

そして、心のあり方や自分の人生を振り返りはじめたときから、事態に変化の兆《きざ》しが見えてきました。それは、病と自分の心の結びつきを本当に信じたときから、と言い換《か》えることもできるでしょう。

信念が現実感《リアリティ》となって彼の心に変革をもたらし、同時に肉体にも生命力を蘇《よみがえ》らせたとしか言いようがありません。自らの信念のありようがいかに現実を変え得るものであるかをこの時も教えられたのです。実に信念の限界は経験の限界です。林さんを救ったのは、他の誰《だれ》でもなく、林さんご本人であったと思うのです。

仏教には摩訶《まか》不思議という言葉があってよく使われますが、人間の思慮《しりょ》を遥《はる》かに超えたことがらを指します。林さんの人生にも、この摩訶不思議の力が何らかの意味があって働いたのだと思うのです。私としても、林さんが病をきっかけとして、ご自身の人生、心を見つめはじめられたことを嬉《うれ》しく感じています。

内なる爆発――つながりに目覚《めざ》めるとき

彼の心の変革を決定的にした出来事として、こんなことがありました。

ある夜、人生を振り返っていたときのこと。何度も振り返ってきたことなのに、なぜか林さんは、ふと父親との死別のことに思い至《いた》りました。父親の死は、林さんの人生の大きな転換点でした。大阪での生活を始めるきっかけになったからです。

林さんは奈良、吉野の生まれです。長男であったため、家業《かぎょう》を継《つ》ぐことになり、小学校を出るとすぐ、林業《りんぎょう》に就《つ》いて厳《きび》しい親方の下で修業しました。しかし、本当は都会に出たくてたまらなかったのです。弟や妹たちが大阪に出てゆくのを、羨《うらや》む想いで見てきました。ところが、父親が急死したために、二十六歳のときに大阪に身ひとつで飛び出して来たのです。

その父親の死に思い至り、「なぜ父は早く亡《な》くなったのだろう」と、ふとその疑問の前に立ち止まったのです。すると次の瞬間、心の中で何かが爆発したような気がしたのです。

「ああ、そうだったんだ。父は私を送り出してくれたんだ――」

おなかの底《そこ》から熱いものがあふれました。父親の懸命《けんめい》に働いていた後ろ姿や、大きな手、苦労の多かった人生、その父親を恐《おそ》れと憧《あこが》れの入りまじった想いで見ていた自分、そして自分を自由にさせてくれなかった父親への恨《うら》み……。次から次へと、父親にまつわるいろいろな想い出や後悔の念が押し寄せてきました。あの頃はわからなかった父親の深い愛情が、その時はしんしんと沁《し》みてきたのです。その夜は泣き明かされたそうです。

その日を境に林さんの病状は、はっきりと快方に向かってゆきました。病が癒《いや》されるとき、その癒しの中心は何と言っても患者さんの生命力であり、それは当人の心と魂に深く深く結びついているものなのです。

林さんが感じたことをすべて言葉にすることはできませんが、何よりも自分という存在がすべてとつながっているという絆《きずな》の実感だったことでしょう。父親と自分はつながっていた――。自分は世界とつながっていた――。それをつないでいるものが確かにある。そこに、言い尽《つ》くせない感動と安らぎを覚《おぼ》えたのです。

それと、ゆるしの気持ちでした。父親に対して、自分に対して、そして多くの存在に対して温《あたた》かくいとおしい想いが湧《わ》いてきたのです。

そしてそのとき、林さんの心の眼は、今までとは異《こと》なる世界を見てしまうのです。それは林さんと同じ難病《なんびょう》で苦しむ人々とのつながりです、林さんの心の耳は、その人々のうめき声を聴いていました。

自分と同じように、否、それ以上に苦しんでいる人たちがいる――。自分とその人々とのつながりが、生々しい実感として迫《せま》ってきたのです。つながり、絆に目覚めたら、応《こた》えずにはいられないのが人間です。林さんは、その人々の傍《かたわ》らを共に歩ませていただきたい、いや、ぜひそうしたい、そう思われたのです。

林さんはその時、自分がこれからなすべき仕事が何であるのか、赴《おもむ》くべき場所がどこであるのかをはっきりと感じていました。人生からのサイレント・コーリングを聴いていたのです。

病《やまい》への感謝

林さんは現在、パーキンソン病に苦しむ友人たちのためにできることは何でもしようと、家業《かぎょう》の合間に全力投球しています。彼は文字通り、命がけでそうしているのです。毎日のスケジュールは、夜十時に寝《ね》て午前一時か二時に起きるというハードなものです。かつてはひどく筆不精《ふでぶしょう》だったのに、不自由をおしてこの一年間に書かれた手紙は百通以上だそうです。

その他にも、電話や家庭訪問、機関誌づくり、諸連絡などで健康なとき以上に忙《いそが》しいのです。なぜそんな無理をするのかと思われるかもしれません。でも、それは、そうせずにはいられない林さんの願いなのです。

「世界が本当に変わりました。一日がとても短いんです。とにかく寝るのがもったいない。何でもかんでもやりたくてやりたくて、どうにもならんのです」

そうおっしゃる林さんは、自分をそういう心境に導《みちび》いてくれた病に、心からの感謝さえしておられるのです。

「一生付き合わなければならない病気に、林さんのように本当に感謝している人など見たことがない」。長年多くの患者さんをみてこられた看護師さんたちが口を揃《そろ》えてそう語っています。

それは林さんに訪《おとず》れた転換が、病気の転換というだけではなく、実はもっと大きな核心《かくしん》的な意識の転換であり、人生の転換だったからでしょう。

人生の転換――見出《みいだ》した新しい喜び

先にも触《ふ》れたように、かつての林さんの関心は、何よりもバリバリと仕事ができることであり、小さい頃からそう育てられてきました。小学校を出てすぐに仕事を仕込《しこ》まれた親方は厳《きび》しく、それが基準になりました。

二十六歳で大阪の製材会社に就職したとき、鞄《かばん》ひとつ身ひとつでその前に立ち、「一年でナンバー2になれなかったらよそへ行こう」と思ったそうです。

二十六歳でも新入社員であれば、立場も給与も一番下っ端《ぱ》です。故郷にひとり残した母親には仕送りもしなければならず、結婚のための蓄《たくわ》えもしなければならない。月に二度あった休日も返上し、毎日夜の十一時まで働き通しでした。山で鍛《きた》えた筋金《すじがね》入りの体には自信がありました。

つまり、人より何倍も動いて働く、テキパキとものごとを片付ける、それができなければダメだ。それが林さんの「基盤」に組み込《こ》まれていた価値観であり、人との関わり方でした。

それだけに周囲に対しても厳しく、のんびりやっていたり、モタモタしていようものなら「何やってんねん」という気持ちが出てきます。「働かざる者食《く》うべからず」「仕事ができない人間はダメ」。林さんはそういう信条で生きてこられました。それは人を切ってゆく外向きの刃《やいば》でもありました。

そこに、体の自由がきかない病がやって来たのです。途端《とたん》に外に向いていた刃が、自分に向かって自分自身を苛《さいな》み始めました。何よりも価値のない人間に自分がなってしまったのですから。

「こんな自分なんか、もうダメだ……」

人一倍テキパキとしていた自分が、情けないほど何もできない。よだれが口から流れても、自分で始末もできない。自尊心《じそんしん》も誇《ほこ》りもなく、ただただ、自己嫌悪《けんお》の塊《かたまり》でした。絶対に認めることができない自分を前にして、どんなにかもがき苦しんだでしょう。

けれども、人生とは不思議なものです。

そこまで苦しんだからこそ、林さんは、それまで気づきようのなかった別の新しい世界を見たのです。自分と父親の確かな絆《きずな》を感じ、世界とつながっている自分や、人々と本当につながっている自分に気づいたのも、その苦しみと悲嘆《ひたん》の過程があったからにほかなりません。

彼がそうしたつながりに自分を預《あず》けたとき、自然に自分の現実が受け入れられたのです。と同時に、同じ病で苦しんでいる人々との絆が、心に深く沁《し》み入ってきました。いとおしいと思いました。苦しみや悲しみは別々に背負っているのではない。一つの痛みを共に背負っているのだ――。そんな共苦共悲《きょうくきょうひ》の心境でした。

そして、そのような人々に対して、かつての自分と同じように社会がいかに無関心かということも知りました。だからこそ、自分は応《こた》えたいと思ったのです。こうした林さんの意識の変化は、その人生がもたらしたのです。林さんはこんなに切実に世界を感じたことは、かつてなかったと思いました。これほどまでに生きることの重みを覚《おぼ》えたことがなかったからです。

「こんなに大切なものが近くにあることを知らなかった。あっても見えなかった。決して奪《うば》われることのない、いのちの絆――」。それを教えてくれたのが病気だったわけです。耐《た》えがたい痛みと引き替《か》えても、このことをこそ知りたかったと彼は思ったのです。

あたかも、忘れていた魂の戸籍《こせき》を見出《みいだ》したような救いの実感といったらよいでしょうか。共通の故郷を持つ者たちへの励《はげ》ましと、人生への讃歌《さんか》がひとつになったような心境に至《いた》ったのです。

絆は、全体に張り巡《めぐ》らされています。世界全体、誰《だれ》にもどこにも届《とど》いています。けれども中には傷《きず》つき、痛みを抱《かか》えているところがあります。絆を信じられない人や、あえて自ら断《た》ち切ろうとしている人たちがいます。それを見過ごすことができるでしょうか。かつて同じように断ち切ろうとしていた林さんが、まさにそのために動き始めました。

このとき林さんは、本当に神の存在に出会っていたのではないでしょうか。人は悲しみや苦しみの中で、本当に出会いを与《あた》えられるものだと思います。自分自身や自分が生きている世界に出会うのもそうでしょう、神と出会うのも、そういう時なのです。それは、悲しみや苦しみの中でこそ私たちは、自分の本来の心を取り戻《もど》しうるからなのです。

世間に言う幸福の絶頂にいるとき、自分がすべてに恵まれているとき、私たちは人々との絆や神との絆を見出せるでしょうか。残念ながら、そういうとき、絆はなかなか眼に入らないものなのです。

林さんが得た境涯《きょうがい》は、彼の魂が自分の肉体を持ち、「基盤」を持ったことによってもたらされたものでした。その「基盤」を通じてこそ開いた、魂の願いでもあります。つまり人間の魂には、そのようにして様々な条件をもった人生を通じて進化、成熟してゆくだけの計《はか》り知れない力があるのです。

限られた人生。それは、どんな人々にとっても――今、病を背負っていても、健常者《けんじょうしゃ》でも――同じことです。今私たちが私たち自身として生きてゆく時間には限りがあります。

大切なのは、その限られた時間を、どこに向かって、どのような態度で生きてゆくかということではないでしょうか。そのことに目覚《めざ》めたのが林さんだったと思うのです。自分が一体何をすればよいのかがわかった。一人ひとりをつないでいる絆、世界全体をつないでいる絆、そのどこに赴《おもむ》けばよいのか、林さんは実感してしまったのです。そしてそれは、他でもない自分の魂が願っていたことであると今、林さんは確信しています。

痛みは呼びかけ

人間を成長させ、魂を進化させ成熟させる鍵《かぎ》は何であるかが、ここにははっきりと示されています。どんな人生も、避《さ》けることのできない「痛み」がそうなのです。

それは、林さんの場合だけには限りません。今まで取り上げてきた偉人《いじん》たち――与《あた》えられた運命に積極的に取り組んで、まさにその人にしかできないような人生の創造をしていった人々を洞察《どうさつ》すると、必ずと言ってよいほどその人の転機や契機《けいき》が「痛み」とつながっていることがわかります。

人生に遭遇《そうぐう》する困難、失敗、挫折《ざせつ》、逆境、絶望といった、人が「痛み」とする現実は、ただ苦痛や苦悩であることにとどまっていません。それをきっかけに新しい世界が開かれてゆくのです。

つまり、痛みは痛みにとどまらない。「痛み」自体が「呼びかけ」であるということです。

そういう受けとめ方ができるのが人間の偉大さなのです。最《もっと》も避けたい「痛み」の中から「呼びかけ」を聴き、そこから新しい自分を取り出すことができる力を人間は内に抱《いだ》いているということです。それはまるで、真珠貝《しんじゅがい》が自らの内に入りこんだ異物《いぶつ》を包《つつ》み込《こ》み、やがて輝《かがや》く真珠に変えてしまう様《さま》にも似《に》ています。

ベートーヴェン（一七七〇～一八二七）は、数多くの困苦《こんく》に悩まされながら、生命感にあふれた音楽を創作したことで知られています。たとえばあの有名な「歓喜《かんき》の歌」が含《ふく》まれている第九交響曲などは、聴く人の胸を本当に歓喜へと誘《いざな》います。けれどもそれらの作品の多くは、障害で完全に聴覚を失ってからつくられたものです。音楽家として聴覚を失うことほど恐《おそ》ろしいことはないでしょう。しかし、それらの「痛み」を受けとめたからこそ、何人《なんぴと》もかなわないほどの神秘《しんぴ》的瞑想《めいそう》的な晩年の作品群は生まれたのではないでしょうか。

『罪《つみ》と罰《ばつ》』や『カラマーゾフの兄弟』などの作品で知られるロシアの作家ドストエフスキー（一八二一～八一）も、貧乏や持病に始まって、ありとあらゆる苦悩を抱《かか》え続けた人です。父親はほとんど性格的に破綻《はたん》者に近く、恨《うら》みを買って殺されるという非業《ひごう》の死を遂《と》げています。自分自身も、革命党事件に関与したかどで、政治犯としてシベリアに送られています。そこで彼は、銃殺《じゅうさつ》される直前に放免《ほうめん》されるという、極限状態におかれた「痛み」を経験するのです。それから彼の作品は、人間の洞察《どうさつ》に一層の深みを増《ま》しています。

日本で初めての公認女医となった荻野吟子《おぎのぎんこ》も、夫からうつされた性病に苦しむという痛みから、同時代に生きる女性たちの痛みを癒《いや》すことを人生の仕事として選びました。離縁《りえん》ということだけでもすでに大変な汚点《おてん》となるような時代です。それに加えて恥《は》ずかしい思いをせざるを得ない病まで抱えたわけです。一生世間や夫を恨んで終わったとしても不思議ではなかったでしょう。けれども彼女は自分を人に与えること、投げ出すことに人生を使ったのです。

小説『大地』を書いたパール・バック（一八九二〜一九七三）も、初めての子どもが精薄児《せい はくじ》であったという「痛み」から、彼女の作家としての世界を深めました。そしてそればかりではなく、自ら進んで同じ宿命を背負う沢山《たくさん》の子どもたちのために、助力をしたり、孤児《こじ》の世話を続けたのです。

私が出会わせていただいた方々の中にも、「痛み」を呼びかけとして受けとめて、そこから驚《おどろ》くばかりの新生を遂《と》げてゆかれた方が多くいらっしゃいます。

寂《さび》しがりやで孤独感の強かった、ある五十代の女性は、末期《まっき》の癌《がん》を宣告《せんこく》されたのですが、自分の病《やまい》と向かい合う決心をした途端《とたん》に、別人のようになられてしまいました。いつも本心を言えずにいたその方が、子どもたち一人ひとりを何ら臆《おく》することなく抱《だ》きしめて、安らかで温《あたた》かな微笑《ほほえ》みを絶《た》やすことなく人生の最後を過ごされたのです。

ある四十代の男性は、何の予告もなく、ある日突然交通事故に遭《あ》いました。内臓の破裂《はれつ》、足の複雑骨折、胃潰瘍《いかいよう》などを抱えた、まるで拷問《ごうもん》にも匹敵《ひってき》するような苦しみに見舞《みま》われていたにもかかわらず、自分の「痛み」を訴《うった》えることもなく、家族や友人たちを思いやることだけにその残された生命《いのち》を注《そそ》ぎました。人生の幕切《まくぎ》れの秒読み段階で、この方は静かな勇気を奥様に示されて終わってゆかれたのです。

病によって、それまで気づかなかった人の想いに触《ふ》れたり、仕事の失敗や事業の挫折《ざせつ》によって、それまで認めていなかった人の助力の大切さを噛《か》みしめるということは、誰《だれ》もが経験していることです。小さな気づきから、大切な人生の転換までがみな、何らかの形で「痛み」と結びついているのではないでしょうか。

私たちは、それまでのやり方が通じなくなったり、今までの自分では立ち行かなくなったとき、「痛み」を感じます。どんな場合でもそうです。そのままでいいのなら、痛みは感じないでしょう。

今まで通りの自分を続けられることが、人間にとって何よりの安定と安心だったわけです。自分の「基盤」を肯定《こうてい》していられる状態です。

それが否定され、拒絶《きょぜつ》されるから、パニックにもなるわけです。すべてを失う不安。出口のない行き止まり、袋小路《ふくろこうじ》、四面楚歌《しめんそか》。そういった圧迫感が襲《おそ》ってきます。

けれども、痛みが呼びかけであるというのは、「痛み」がまさにそこから、その限界感から、新たな私たちを引き出そうとするからです。その閉塞《へいそく》状況から、私たちを新たな世界へ導《みちび》こうとするからです。

それまで知らなかった感情やかかわり方が引き出され、全く異《こと》なった世界が見えてくるきっかけになるのです。痛みを引き受けた人たちは、皆そうだったでしょう。また必ず、その方向や目標、そしてそこに至《いた》る道を「痛み」が暗示しているのです。

それはまた、「基盤」に支配されたものごとの受けとめ方を脱《だっ》してゆくことでもあります。基盤の見方は、必ず快苦《かいく》から始まって、得か損《そん》か、正しいか間違っているか、善か悪か、価値があるかないか……と、ものごとを二つに分けて、それで処理するやり方です。一方を意味あるものとし、一方は意味のないものとして扱《あつか》う、仏教の言葉で「二見《にけん》」と呼ぶ、印象に引きずられた見方です。世界の本当の姿も人生の本当の姿も、二見ではとらえられません。ものごとのいのちが見えないからです。

しかし私たちの世界は、まさにこの二見でつくり上げられたものと言えるでしょう。痛みを本当に引き受けようとすることは、この二見という感じ方を超えるということです。つまり、快苦や利害や善悪を突破して、はじめて新しい世界に導かれるのです。

立ち止まることを忘れていた人間を、まず立ち止まらせ、それまでの自分（基盤）を思いがけなくも砕《くだ》き、もっと自由な自分を生まれさせるのが「痛み」です。今、抱えている困苦を、単に苦痛とは思わなくなる意識の次元がある。そういう世界の感じ方を引き出すのが「痛み」です。

そして、さらに人生全体を貫《つらぬ》くテーマや本当の仕事と言うべきものを、呼びかけているのが「痛み」なのです。

太陽が空高く輝いている昼間には、私たちは宇宙の広さに気づくことはなかなかできません。けれども夜の帳《とばり》が降《お》り、星々が輝《かがや》き出すとどうでしょうか。こんなにも天が高く、宇宙が広かったことが見えてきます。闇《やみ》にこそ照《て》る光があるのです。

闇の中ではじめて知る世界があるということは、本当に救いであると思わずにはいられません。

本当の癒《いや》しのために

それだけに「痛み」は、本当に癒されなければならないと思います。

現実に痛みを背負っている人たちは、どれほど苦悩し、呻吟《しんぎん》していることでしょう。どれほどの不安と孤独《こどく》に苛《さいな》まれていることでしょう。それは、外から見ただけでは決してわかるものではありません。

耐《た》えがたい痛みゆえに、心を傷《きず》つけ、歪《ゆが》ませ、一層孤独になり、そこから更《さら》なる混乱や不自由、暴力を引き起こしている人も少なくないことでしょう。

だからこそ、自分自身の痛みに正面から向かい合い、今、同時代を生きている人々の痛みに心を寄せることができればと思うのです。

世界には、様々な痛みを抱《かか》える人たちがいます。その中には、何とも言いようのない胸が押し潰《つぶ》されるような現実もあります。

餓死《がし》することを前提のようにして生まれてくる何十万人もの赤子《あかご》たち、エイズに生まれつく子どもたち、激しい差別の中に生まれてくる人たち。

かつてナチスのホロコーストや、世界中の戦争のさなかに虐殺《ぎゃくさつ》されていった人々、原爆《げんばく》で命を奪《うば》われたり、後遺症《こういしょう》に脅《おびや》かされている方々。

そして、生まれながらに心身の障害を負った方々、人生の途上で思いもかけない理不尽《りふじん》な大事故や災害に巻《ま》き込《こ》まれてしまった方々がそうでしょう。それらの「痛み」は一体どのように受けとめればよいのでしょう。

どんな「痛み」も、それぞれが自業《じごう》として背負い、引き受けているものであることに変わりはありません。

しかし、こうした現実が私たちと無縁《むえん》のものであるということでは全くないのです。「それが彼らの運命だ」と言い放《はな》つことなと、どうしてできるでしょうか。

そういう人々に対して、持ち得る想いはひとつ——。

「どうして私でなく、あなたが——」という想いではないでしょうか。私自身がそうであってもよかった。私がそこに生まれてもよかった。いわれなき災厄《さいやく》としての、言語を絶《ぜっ》した痛みは、皆そういうものだと思うのです。

ならば、そうではない者としての自業を本当に受けとめる必要があるのです。私たちが縁として、その痛みの現実に出会ったことの責任を自らに問わなければなりません。

つまり、痛みとはそれを背負っているその人一人の問題にとどまらないということです。すべての痛みは、私たちのいわば共同業《ごう》であり、時代業《ごう》、人類業《ごう》であることを何よりも深く受けとめなければならないということです。自分の傍《かたわ》らで苦しんでいる人がいたら、悲しみ悩んでいる人がいたら、共に苦しみ、慰《なぐさ》めずにはいられないのが人間としての率直な想いではないでしょうか。

シュヴァイツァーやナイチンゲールも皆、眼前の痛みをわが痛みとしたのではなかったでしょうか。他の人々が背負った痛みを、共同の痛みとして、共苦共悲《きょうくきょうひ》の想いで受けとめていました。どんな痛みも、縁として私たちが触《ふ》れた痛みはすでに、共に背負っている痛みなのです。

もし、私たちが耐《た》えがたい苦しみや悲しみの中にあるとき、私たちと共に苦しんでくれる人がいたら。「一人で苦しんでいるのではない」、そう思えたら。それは何と心強いことでしょう。そこに人は、人間本来の優《やさ》しくも愛に満ちた光を感じないわけにはいきません。そして、そのような人間の慈悲《じひ》と愛によってしか、時代の痛みは真に癒されることはなく、新たな時代が拓《ひら》かれることはないと思うのです。

魂の進化を導《みちび》く指導原理

温室に咲《さ》く花は、形が美しく、色あざやかであっても、何か自分の顔を持っていないような感じがします。一方、風雪を突《つ》いて咲いた野辺《のべ》の花は、どんなに小さくてもその花の顔を持っています。

同じように、困難や逆境《ぎゃっきょう》、絶望といった嵐《あらし》や吹雪《ふぶき》を受けて、新しく生まれ出た方の顔は、それ以前とは比べようもないほど特有のすがすがしい輝《かがや》き、明るさを放《はな》っています。その明るさとは、自分の内側の弱さや醜《みにく》さ、愚《おろ》かさ、未熟《みじゅく》さといった闇《やみ》を知りながら、それを抱《かか》えてなお輝く深みのある明るさです。私はそうした輝きを放つ方々にお会いする度《たび》に、人間という存在の可能性と、人間をそう導いている見えない宇宙のはたらきに、改めて深い畏敬《いけい》の念を覚《おぼ》えるのです。

その見えない宇宙のはたらきとは、人間の魂を限りなく成熟、完成に向かって導いてやまない流れ、指導原理とも言うべき流れのことです。それは、いつでもどこでも、いかなる人生にも働いている原理であり、私たちが気づこうと気づくまいと一貫《いっかん》して流れているものです。そのように人間を彼方《かなた》の目的へと進化させ続けている流れが宇宙にはあるのです。

たとえば、それは「痛み」を呼びかけと受けとって成長してゆく道のりにもあらわれています。心理学などでも研究されているようですが、古今東西《ここんとうざい》、どこにあっても人が悲嘆《ひたん》や絶望から立ち上がってゆく歩みが驚《おどろ》くほど似《に》ているのは、この原理が紛《まぎ》れもなく存在することの証《あかし》でしょう。

不治《ふち》の病《やまい》を宣告《せんこく》されたり、大切な肉親の死に遭遇《そうぐう》するといった喪失《そうしつ》体験をした人々が、必ずと言ってよいほど辿《たど》るプロセスがあります。

そのプロセスを簡単に辿るとこうです。誰《だれ》もが最初はまず大きな衝撃《しょうげき》を受け、次には「そんなことがあるはずがない」と、拒絶《きょぜつ》や抵抗といった否認《ひにん》の段階を迎《むか》えます。そして「どうして自分だけがこんな目に遭《あ》わなければならないのか！」と怒《いか》りが生じ、一体どうすればよいのか出口の見つからない絶望の時期を経《へ》ます。やがてあきらめや受容《じゅよう》の気持ちが生じ始め、ついには新たな希望を見出《みいだ》して見違《みちが》えるように立ち上がってゆくのです。

多少の違いはあっても、ほとんどの人がおよそこのような段階を踏《ふ》んでいます。そしてその意識の変化のありようは、国の違い、言葉の違い、文化の違いも超えて、驚《おどろ》くほど一致しているのです。それは、私たち人間が考え出したものではなく、宇宙そのものにはじめから流れている原理なのではないでしょうか。

人生の3ステップ——オンリーワンへの道

こうした指導原理の人生における現われ方についてもう少し目を向けてみましょう。

それはあらゆる人生において三つの成長段階が予定されていることに見ることができます。

①「こうだったから、こうなってしまった」人生

②「こうだったのに、こうなれた」人生

③「こうだったからこそ、こうなれた」人生

このような3ステップを踏《ふ》むように導《みちび》かれているのが、私たちの人生ではないでしょうか。

表現は簡単なのですが、実はこのステップには、どの時代、どの地域、どのような民族にも通じる、与《あた》えられた運命と人生の創造の関係があらわれているのです。

多くの人にとって、自分の人生は不本意なものです。満足しきっている人など本当にはいないのではないでしょうか。言挙《ことあ》げすれば、不満や理不尽《りふじん》な想いが次々に出るとしても少しも不思議ではありません。シュリーマンや伊能忠敬《いのうただたか》、後に登場するアン・サリヴァンの場合もそうだったでしょう。

彼らと同じように、誰《だれ》もが皆、「こうだったから、こうなってしまった」という状態から人生を始めなければならないと言っても過言《かごん》ではありません。

そして、この第一の段階は、生まれっ放《ぱな》し、育ちっ放しの状態で、「基盤」のままに動かされている段階です。

この段階で互《たが》いを比べて、優越感や劣等感に翻弄《ほんろう》されている人は少なくありません。しかし、このとき人は、その事実にさえ気づけないのです。

そして、波が来れば波に呑《の》まれ、凪《なぎ》が来ればただじっとしているほかない。「基盤」に支配され切って漂《ただよ》っているような人生の段階と言えます。

しかし、その事実に気づいたとき、人は運命に流されるままに終わるまいという意志を呼び起こされるでしょう。マイナスをプラスに逆転しようとし、理不尽さや逆境を自分で何とかはね返そうとする意地ともいうべき意志の立ち上がりです。それが第二の段階です。

林さんの頑張《がんば》り、シュリーマンや伊能忠敬の努力にも、こうしたプロセスが見られます。たとえ不本意な人生であっても、それを克服し、人間的な努力、熱意、情熱、パースピレーション（発汗《はっかん》）によって逆転しようとするのです。

この時人は、「基盤」に密着しない自分という中心を持つことによって、波が来ても流されず、凪にあっても自分が立てた目標に向かって泳《およ》いで進んでゆくという自由さを得ているのです。

けれども、この段階で終わりではありません。人生にはまださらに高次の生き方が与えられているからです。

たとえ不本意な人生としか思えなかったとしても、この人生を歩かされたから気づけたことがあるはずです。その窓《まど》を通してこそ、くっきりと見えた世界がある。自分をそこに導いたものがある。自分はあえて、ここに生まれてこなければならなかった必然がある。

そう思えるのが、次の第三の段階です。

林さんが自分に苦難《くなん》を与えた病《やまい》に感謝できるようになり、かつて見えなかった絆《きずな》に応《こた》え始めたことを思い起こしていただきたいと思います。

この段階は、魂として人生を受けとめ始める段階のことなのです。自分の魂の進化のために、この人生を自ら望んで引き受けてきたという心境であり、自分を超えて人生を動かしている大きな意志とのつながりを思い出すことと言ってもよいでしょう。

この三つの段階は、人間が「基盤」の重力から脱《だっ》してゆくステップでもあります。そして、そればかりでなく、この三つの段階を辿《たど》ってゆくと、人生が全体として指《さ》し示そうとしている目標が見えてくるのです。

自分の人生がどんな理不尽なものに見えても、つまらないものに思えても、それを受納《じゅのう》するところから人生の意味があらわになってくる。人生全体に働く指導原理は、私たちの人生の仕事や人生のテーマを、その機根《きこん》に応じて徐々《じょじょ》に明らかにしてゆくものです。

すべての人生にその流れは浸透《しんとう》しているのです。たとえ、私たちが好き勝手にその時々の気分で過ごしていようと、人生はひとつの全体に向かって近づいてゆき、バラバラな出来事をつなぐ一本の糸を自ら示しているのです。

隠《かく》れている人生のテーマ

経営コンサルタントとして活躍されている中村亮二《りょうじ》さん（仮名）は、「会社は絶対に潰《つぶ》してはならない」という信条を貫《つらぬ》いて生きてこられた方です。

大企業ばかりではなく、中小の企業が倒産すれば、その影響は従業員一人ひとりの家族にも及ぶ。どんな会社でも必ず長所はある。その長所を探《さが》し大事にすることによって、何とか潰さずに立て直したい。

そうした使命感とも言えるほどの熱意をもって、中村さんは六十歳になる今日まで経営コンサルタントとしての日々を人々に尽《つ》くしてこられたのです。そのおかげで、ずいぶん多くの方々が窮地《きゅうち》を救われました。その熱心さは、中村さんをよく知る人たちが、どうしてこんなに「潰してはならない」「それは大変なことなのだ」と強調し続けられるのか、不思議に思うくらいでした。

このような信念の背景には、もちろん、経営や企業に対する積み上げてこられた論理がおありだったと思います。けれども、まだ気づかれていなかった、その信条の意味が、あるとき期《き》せずして明らかになるような一つの出会いがありました。

もの静かな印象の中村さんを前にしながら、私はふと中村さんのお父様の存在を強く感じていました。いかにも唐突《とうとつ》でしたが、そのことを尋《たず》ねてみたのです。

「突然ですが、お父様のことを伺《うかが》ってもよろしいですか。お父様のことで、ご家族はずい分とご苦労されたようですね。相場《そうば》に手を出されて無一文《むいちもん》になったというようなことはありませんでしたか？」

中村さんは突然の話にとまどわれたようですが、それでも記憶の糸をたぐられているようでした。そして視線を落とされ、感慨《かんがい》深げに「そうでした……確か私が二つ三つのとき、そんなことがあったと母から聞いたことがあります」とおっしゃったのです。

「それ以降も、お父様はどちらかと言えば、豪放磊落《ごうほうらいらく》な性格、思ったら周《まわ》りには気を使わず猪突猛進《ちょとつもうしん》するというような方でしたね。

次々と事業を起こし、工場をつくっては、潰して借金をこしらえる。借金をつくってはあちこちかけ回って、何とか工面《くめん》する。そうやって苦労したのに、また新しい会社を始めるというような方ではなかったですか」

「ええ、そういう父でした」

中村さんの心の中には、どんよりと曇《くも》ったひとかたまりの記憶がありました。その記憶が私の中に不安と恐《おそ》れの入りまじった想いとともに流れ込《こ》んできました。家の中の様子が、最初はぼんやりと、次第にはっきりと浮《う》かんできたのです。何か緊張した雰囲気が伝わってきます。誰《だれ》かが強引に入り込んできたようです。卓袱台《ちゃぶだい》やタンスから小さな置物まで、差し押さえの赤紙が貼《は》られているのです。

中村さんに幼《おさな》い頃から刻《きざ》まれていた不安は、父親に対するものであり、二人の間にはいくらか距離があるようでした。

「これまで中村さんがなさってきたお仕事は、そのお父様とのかかわりがとても大きいですね。そういうお父様があって、今の中村さんがあるのだと思いますよ」

私がそう申し上げると、中村さんは意外な面持《おもも》ちを隠《かく》されませんでした。「父親からはほとんど影響を受けていない」というのが、中村さんの想いだったからです。

影響と言うと、私たちはその人の性格や考え方をそのまま受け継《つ》いで、そっくりになってしまうことだと思いがちです。けれども、こだわりをもって反発することも、その人の影響なしには起こり得ないことでしょう。

農家の本家に長男として生まれながら、自分の野心のために、次々に借金をつくっては、代々受け継いできた田畑を売り払《はら》い、何もかも失ってしまった父。そして、家族に大きな不安と苦痛を与えてきた父。

中村さんの心には、借金や負債《ふさい》を背負った家族の苦しみの想いが、意識的にも無意識的にも堆積《たいせき》していたのです。会社が倒産してしまったために、その家族がどんな不安や苦悩を味わうことになるのか、身に沁《し》みすぎるほど思い知っておられたのです。

「『会社は絶対に潰してはいけない』と繰《く》り返してきた信念と姿勢は、ご自身がそういう不安と苦悩を味わってきたがゆえに、本当に切実で親身《しんみ》なものとなったのでしょう。しかし、もうひとつここで考えてみてください。

資金繰《ぐ》りに困《こま》った経営者と一緒に銀行に行き、頭を下げて融資《ゆうし》をお願いする。この何十年の間、中村さんが足しげく通《かよ》っては経営改善を図《はか》ろうとしてこられた経営者の一人ひとりとは、あの、切ない想いとともに許《ゆる》せなかったお父様のような方々ではなかったでしょうか。意識では遠ざけていたお父様を長年にわたって無意識に助けようとしてきたのが、中村さんの歩みだったと思うのです」

人生とは本当に呼びかけられ導《みちび》かれているものではないでしょうか。よくよく見るならば、自分自身に訪《おとず》れた出来事の一つ一つがすべてつながっていて、そのつながりの糸が自《おの》ずとその人の人生のテーマを浮《う》き彫《ぼ》りにしてゆくのです。

「中村さんはご自分でも気づかずに、ずっとお父様をご供養《くよう》されてこられたんですね」

私がそう申し上げたとき、中村さんははっとされたように眼を見開き、得心《とくしん》したような表情をされました。

考えてもみなかった不思議な話だけれども、何か心の底《そこ》で深くうなずいてしまった、そんなご様子だったのです。

人は若い頃から、たとえ未完成ではあっても、自分なりの人生観や価値観によって学業や職業を選択したり、人生の場面場面で自分が良かれと思う方向を選んでゆきます。ところが、そのようにその都度《つど》の選択で形にしてゆく私たちの人生の道は、全体としてひとつの方向を指《さ》し示しているものです。

思いがけず、過去と現在が実に不可分《ふかぶん》に結びついた、一つのつながりをもっていることが少なくありません。

中村さんの人生はそのことをはっきりと示しています。それは中村さんばかりではありません。誰の人生にも必ずテーマが隠されているのです。

人生が人生のテーマを浮《う》き彫《ぼ》りにする

人生のテーマとは、その人生の道のりの中に自《おの》ずと浮かび上がるものであることを教えてくれる先人たちは少なくありません。

周知《しゅうち》のごとくヘレン・ケラー（一八八〇〜一九六八）は、生まれてすぐに三重苦という大変な障害を背負いながら、やがてその障害を克服《こくふく》し、同じように心身の障害で苦しんでいる人たちに希望の光を投げかけた人です。その光によって、どれほど多くの人々が生きる勇気を得たことでしょうか。

しかし、このヘレン・ケラーがそうなれたのは、彼女自身の内に可能性が抱《いだ》かれていたということもさることながら、その彼女の可能性を引き出したアン・サリヴァン（一八六六〜一九三六）との出会いがあったからです。それ以前は、家族すらヘレンをどうすることもできませんでした。

では、深い愛情を抱いているはずの家族さえ無力であったのに、なぜアン・サリヴァンはヘレンの魂の産婆《さんば》になり得たのでしょうか。

それは、アン・サリヴァン自身がアイルランドの移民の子どもとして、貧《まず》しい中で障害を持ち、荒《すさ》んだ心を抱《かか》えて自暴自棄《じぼうじき》に生きていた過去があったからでした。そういう自分の中にも、真摯《しんし》に生きたいと願う、もう一人の自分がいたことを覚《おぼ》えていたからでした。そしてそのもう一人の自分を、多くの人々が引き出してくれたことも忘れがたいことでした。

人間は、縁《えん》（環境）となる人によって引き出されるものが変わります。人々から愛情を注《そそ》がれることによって、また彼女以上に不自由を抱えていた人々から自分が必要とされることで、彼女は変わることができたのです。修羅《しゅら》のようだった心から、今まで出会ったこともなかった自分を引き出され、卑屈《ひくつ》だった心から少しずつ抜《ぬ》け出すことができたのです。

貧しさ、みじめさ、一家の離散、弟との死別、孤独《こどく》、恨《うら》み、そして自尊心《じそんしん》――。彼女だけが味わってきた人生の道。彼女だけが感じてきた世界。

そのような道を通《とお》ってきたから、サリヴァンはヘレンの無軌道《むきどう》な生き方を見ても動ずることなく、彼女を受けとめることができたのでしょう。ヘレンの中に閉《と》じ込《こ》められたままになっている可能性をそのままにしておけなかったのです。ヘレンの苦しみがサリヴァンにはわがことのように痛々しく感じられたに違いありません。

ヘレンは過去の自分そのものでした。サリヴァンの人生の仕事は、まさに彼女自身の辿《たど》った人生から告《つ》げられたものでした。

　人生に散りばめられた出会いと出来事の数々。そこで味わった想いや感情のひとかけらひとかけら。それらがすべて結びついて示す人生のテーマ、人生の仕事。

　人生を半《なか》ばまで歩んできた人なら、星々が星座をつくるように、人生の断片《だんぺん》が教えようとする全体像がすでに浮き上がっているに違いありません。偉人《いじん》と呼ばれる先人たちの人生だけでなく、誰《だれ》の人生にもいたるところに伏線《ふくせん》が張《は》られ、声なき呼びかけが響《ひび》いているのです。

後悔の光・転生《てんしょう》の法則

　人生の中に魂を開花させる呼びかけが確かに届《とど》いているとしても、それに応《こた》えてゆくことが容易《ようい》な道ではないことは、どの人生を見てもよくわかります。指導原理が遍《あまね》く作用していたとしても、その人生を信じて自分自身を委《ゆだ》ねることには魂からの意志が立つ必要があるのです。

　多くの偉人《いじん》と言われる人々にしても、並々ならぬ苦しみや悲しみを伴《ともな》う道を歩んできた人は少なくありません。

彼らが成就《じょうじゅ》させた願いも、どこかで一歩ひるんだら、諦《あきら》めていたら、成就しなかったかもしれません。彼らの人生は、いつ落ちても不思議のない崖《がけ》っぷちを歩いているような時期を幾度《いくど》もくぐり抜けてきたものであったからです。つまり、そんなにも危険な道を、選ばせてしまうほどの強い力が人生に働いているとしか思いようがないのです。

では、一体何が魂にそうさせているのでしょうか。魂がリスクを背負ってでも、この世界に飛び込《こ》みたかった理由《わけ》とは何か。そうさせずにはいられない推進力《すいしんりょく》とは何なのでしょうか。

それは、魂が抱《いだ》いた後悔であり、その後悔から引き出された魂の願いなのです。人生を終えた後、私たちの魂は、まず例外なく後悔の念を抱きます。中には猛烈《もうれつ》に苦しまなければならない魂も出てきます。なぜなら、地上に生まれてきた目的と願いを果《は》たすことは稀《まれ》だからです。

ほとんどの魂は死後、かつて刻印《こくいん》した願いを思い出して愕然《がくぜん》とします。自分がやらなければならなかったことを忘れていたことが恥《は》ずかしくなるからです。しかし、気づいても、それを果たすために必要な肉体はもうありません。何とかしたいという想いと、どうにもならない現実の間で、魂は深い後悔を刻《きざ》むのです。

それは、たとえ人生をよく生きたと思えるような人の場合でも、少しも変わらないのです。人里離れた山奥に、俗《ぞく》を捨《す》て聖《ひじり》のごとく生きた人も、俗にまみれ沢山《たくさん》の欲望につき動かされた人も、その点では変わらず、小人《しょうにん》、君子《くんし》、凡人《ぼんじん》、偉人《いじん》、何と呼ばれた魂であろうと、それぞれに「後悔」を抱くという点では変わりありません。一人しか愛せなかった人も百人を愛した人も、一つの仕事しかなし遂《と》げられなくても百の仕事をなし遂げた人も、何を悔《く》いるかの違いはあれ、それぞれに「後悔」を抱くのです。生まれてくるということは、それほど魂にとって大変な挑戦なのです。

大切なことは、そのような「後悔」に苦しむことは、決してマイナスではないということです。それはむしろ魂の健全さの証拠とも言えます。なぜなら、まさにその「後悔」が、魂の願いを引き出すからです。そしてその願いは進化と成長のエネルギーであり、次なる人生を引き寄せる力なのです。つまり、私たちの人生には「後悔の光」とも言うべきものが、さんさんと降《ふ》り注《そそ》いでいるということでしょう。

第一章で触《ふ》れた浜村さんの場合、過去世《かこせ》の後悔が深い疼《うず》きとなって、人生全体を導《みちび》こうとしていたように、私たちも皆「今度こそは、こう生きたい」と、決して消えることのない願いを抱いて、生まれてきたのです。

魂の後悔を繰《く》り返させまいとするのが願いの力であり、魂の後悔を繰り返させてしまうものが業《カルマ》の力です。指導原理の流れに乗《の》れない場合とは、この業の力に流されてしまうということです。

人生には四つのテーマがある

さて、「後悔」からひもとかれるそれぞれの魂の願いは、大別して、次の四つに表わすことができます。そして、この四つのテーマを心に置いて、ぜひ人生全体を見通すように振り返ってみて頂きたいと思います。

①過去世《かこせ》において志半《こころざしなか》ばで終わってしまった願いを果《は》たすこと。
②過去世において逆縁《ぎゃくえん》となってしまった関係を再結《さいけつ》すること。
③魂に眠っているはたらきを新たに引き出して、魂の歪《ひず》みを修復《しゅうふく》し成長を果たすこと。
④過去世において獲得してきた魂の力をもって、周囲の人々や場を照《て》らすこと。

私たちは魂として、過去世を通じて残した後悔をこのような願いに託《たく》して生まれてきているのです。だからその願いを果たせるような人生を、誰《だれ》もが必ず選んできているはずなのです。

人生全体はそのことを声なき声で私たちに教えようとしているのではないでしょうか。人生の節目《ふしめ》をつくってきた出会いや、人生の山や谷であった出来事も、この四つの魂のテーマを呼びかけているのではないでしょうか。

これまで本書で取り上げてきた人々もそうですが、誰にもそれぞれに過去世で刻《きざ》んだ後悔があり、そこから生じた願いを抱《いだ》いて生まれてきました。肉体を持ち、「基盤」を持ったからこそ、その願いを形にすることができたのです。そして形になるからこそ、再びそこに後悔が生じるのです。

このように私たち一人ひとりの人生は、二つの世界――現象界《げんしょう》と実在界《じつざい》を往環《おうかん》する魂の道筋《みちすじ》にあります。

地上の生活も肉体の衣《ころも》を脱《ぬ》いだ実在界の生活も、魂の後悔と願いが中心軸になって織《お》りなされてゆくものです。

人間の魂の転生《てんしょう》の道のりは、言ってみれば終わりのない壮大《そうだい》な長編小説のようです。一回生起《せいき》の人生は、そのプロセスの一章に当たるでしょう。一つの章だけでは意味のわからないことも、前後の章や全体との関わりの中では重要な意味を持っています。

そして、いつの人生もそれは前世《ぜんせ》の続きであり、主人公は永遠に変わらないのです。結末はもちろん「神のみぞ知る」。私たちが早急に人生の価値の有無を決定することなどできないことなのです。

無駄《むだ》なものは何ひとつない

父が、亡《な》くなる少し前のことです。

「生まれてきて本当によかった」。そう何度も家族に語っていました。「佳子《けいこ》、人生にはね、無駄なものは何ひとつないんだよ。天上界と現象《げんしょう》界の仕組みはすごいんだよ」。静かな笑顔で父はそうつけ加えるのが常《つね》でした。

それを父の遺言《ゆいごん》のひとつとして、胸に刻《きざ》むことが精いっぱいだったあの頃から十五年余り。私はずっとその言葉に応《こた》えるために歩んできたように思います。

ひとつも無駄のない人生、そういう人生を織《お》りなしている二つの世界の仕組み、それをより深く追究するための歳月だったと言えるのかもしれません。そしてそれは、他ならぬ魂の自由を証明する歩みでした。それが、私が父から受けたかけがえのないバトンのひとつだったのです。

人生には汲《く》めどもつきぬ意味があること。人生を完成に導《みちび》こうとする指導原理が貫《つらぬ》いていること。その法則は、私自身の実感でもあるのです。

痛みが呼びかけであること。自分自身が痛みとするものに向かい合い、取り組むことによって、私たちは生まれ変わってゆくこともそうです。まず、私自身が人生から教えられてきたことです。

暗きにこそ光は照《て》る。痛みを通して開けは来たる――。

新しい開けは必ず悲嘆《ひたん》の内に宿《やど》っていること。苦しくても逃《に》げずに向かい合ってゆく中に、最善の道が降《お》りてくる。そうやって闇《やみ》さえも光に転じながら生きることのできる敢然《かんぜん》たる自由を、どんな魂も抱《いだ》いていることを、私は確かめてきました。

その歩みの一歩一歩に確かめてきた人間の魂の偉大さと、その魂を支《ささ》えている大きなはたらきに対して、深く手を合わさずにはいられない歳月でもありました。

人間の尊厳《そんげん》とは、どれほどの深みを見せるものでしょうか。

あの最悪の環境とも言うべきアウシュヴィッツの収容所で自分の生命の瀬戸際《せとぎわ》にありながら、なお、病気の人の枕許《まくらもと》に自分のパンをそっと置いてゆくといった行為を示すことのできる人間。これは人間が、大いなる意志につながった、神性、仏性を抱く永遠なる存在であることの証《あかし》ではないでしょうか。人間の魂の自由性とは、それほどの光を湛《たた》えているものなのです。いえ、混乱極《きわ》まるこの現象界だからこそ、魂の内なる光がその本来の輝《かがや》きを奇跡のようにして放《はな》つのです。

人生を愛する

私たちは誰《だれ》もが、肉体の衣《ころも》を脱《ぬ》いで見えない世界の住人として生きた経験をもっています。その世界は、どんな世界でしょう。

同質で同通する魂の世界には、およそ事件というものがありません。誰が何を想い、何を考えているか、以心伝心《いしんでんしん》が当たり前の世界だからです。予想を裏切ることがなく、すべては平穏《へいおん》さに包《つつ》まれているのです。

決して波立たない、凪《なぎ》で静まり返った海のようにゆったりとした流れの中に私たちは身を置いて、そこから地上の人々の様子を見守っていました。

意識を向けた人々の心を即座に感じ、彼らの奥にある想いを手にとるように聞くことができました。縁《えん》ある人から伝わってくる念を通じて、改めて人間であったことの意味を知り、魂の成熟《せいじゅく》を進めることができました。そして彼らへの助力を惜《お》しみませんでした。

時には、傍《かたわ》らにずっと付き添《そ》いながら、彼らを見守り、祈りと愛念をもって働きかけました。彼らが傷心《しょうしん》のとき、不安におののくときには、彼の肩《かた》を抱《だ》いて慰《なぐさ》めました。問題を解決しかね、道なき地点に立って途方《とほう》に暮《く》れているときは、自分が持っている智慧《ちえ》を注《そそ》ごうと語りかけました。絶望して死を考えている人には、その魂に向かって一心に祈りました。

地上に生きていたとき以上に、人間の中に渦巻《うずま》くものを、何のさえぎるものもなく感じ取ることができました。そのすべてに対して働きかけることができました。

けれども、霊《れい》としての生活から見れば、地上の生活は憧《あこが》れに満ち、ひきつけずにおかないものなのです。決して実在界《じつざいかい》では味わうことのできない「直接の体験」が地上にはきらめいているからです。たとえ途方《とほう》もない悲しみや苦しみ、つらさや後悔を味わうことになろうとも、魂は人間として生まれてくることを願わずにはいられないのです。

人間として生きるということは――。

肉体の重さを持つということ。

呼吸をするということ。

喉《のど》から空気を震《ふる》わす声が出ること。

身体《からだ》を切れば血が流れるということ。
叩《たた》かれれば痛みを覚《おぼ》えること。
居眠《いねむ》りをすること。
お腹《なか》がすくこと。
走ると風を感じること。
悲しくて涙が落ちること。
すれ違う知人に何気《なにげ》ない会釈《えしゃく》をするということ。
家族と暮《く》らすこと。
水の冷たさを感じること。
空の青さに見入ること。
咲《さ》き誇《ほこ》る花を手に取ってみたくなること。
太陽の光に温《ぬく》もりを感じること。
わが子の顔を見つめること。
叫《さけ》ばずにはいられなくなること。
知らない人に出会えること。

予感に胸を震《ふる》わすこと。
不思議な出会いに驚《おどろ》くこと。
嘘《うそ》をつくこと。
いさかいに巻《ま》き込《こ》まれること。
なぐられること。
他人を恨《うら》むこと。
そのつもりなく、誰《だれ》かを傷《きず》つけてしまうこと。
目をかけていた人から裏切られること。
大切な人と別れなければならないということ。
孤独を感じること。
お酒をくみかわすということ。
人を愛するということ。
老《お》いるということ。
夕陽《ゆうひ》が沈《しず》んでゆくのをじっと見つめるということ。

見えない世界にいたときには、眺《なが》めるようにしか触《ふ》れ得なかった世界が、私たちと密着し、私たちを貫通《かんつう》するのです。違いと、思いがけない事件に満ちた、予想のつかない世界。知らないことばかりの世界だから、予感に満ちた時を送ることができる。すべてを新しく知り、味わい、吸収することができる。共に生きる世界だから、与《あた》えられ与えることができる。その経験を求めて、その経験のために、私たちはみな地上を目がけてダイビングしてきたのです。

見えない世界と見える世界を往《ゆ》き来《き》する。途切《とぎ》れることのない自らの生命の流れを心に抱《いだ》いたとき、私たち自身の目的と使命は姿をあらわし、神のはたらきの次元に属《ぞく》するものとしての進化の道が拓《ひら》かれるのです。

第五章　新世紀衝動

歴史を動かす力——時代に響《ひび》くサイレント・コーリング

今、世界は動いています。

政治、経済、科学技術、あらゆる分野が大きな変貌《へんぼう》をとげ、私たちが毎日眼にする社会現象も、目まぐるしい速さで移《うつ》り変わっています。古い殻《から》が脱《ぬ》ぎ捨《す》てられるように、確かだったものが不確かになり、新しい価値観が生まれつつあるのです。太陽の黒点活動も、何百年に一度という極大期を迎《むか》えています。それは、磁気嵐《じきあらし》を起こして、自然界の生物や通信機器などに多大な影響を与えるものです。

地球全体は大きく転換し、新たなステージを迎えているのです。

圧倒的な躍動感《やくどう》、何かが新しく始まる予感——。二十一世紀を目前にした今、私たちはそれを肌身《はだみ》に感じているのではないでしょうか。

私たち一人ひとりの人生が、呼びかけによって導《みちび》かれているように、人類全体、時代全体にも、進化を導くサイレント・コーリングは響いています。本章では、歴史を眺《なが》めつつ、私たちの時代に響く呼びかけに耳を傾《かたむ》けたいと思うのです。

歴史は人間がつくってゆくものでありながら、そこには、人間を遥《はる》かに超えた巨大な力が働いたとしか思いようのない時代があります。まるで地殻変動《ちかくへんどう》でも起きたかのように、歴史そのものが隆起《りゅうき》し、新しくなる時代があるのです。人間はこうした変動を、これまでにも繰《く》り返し、何度も経験してきました。

最《もっと》も際立《きわだ》っているのは、紀元前五世紀頃からの同時期に、世界にいくつもの精神潮流があふれ、いわゆる四聖人が、まるで申し合わせたように、一斉《いっせい》にその思想を説《と》いたことです。中国では孔子《こうし》が人間の仁《じん》と礼《れい》の道を示し、インドでは釈尊《ブッダ》が苦悩から脱《だっ》する道を説き、ギリシアではソクラテスが無知の自覚と智慧《ちえ》の希求《ききゅう》を訴《うった》え、エルサレムではイエスが神の愛を伝えました。

その後の二千年あまりの思想や宗教や哲学は、すべてこの時代に原点を見出《みいだ》すことができると言ってもよいほどです。まさに、思想革命とも精神革命とも言うべき変化の波でした。

他にも同じ頃、中国には性善説の孟子《もうし》、無為《むい》自然を説いた老子《ろうし》や荘子《そうし》、インドには仏教と同じく平等を説いたジャイナ教の創始者マハーヴィーラ、そして、ギリシアにタレス、ピタゴラスをはじめとする七賢人、ソクラテスのあとのプラトン、アリストテレス、ユダヤにはエゼキエル、ダニエルらの預言者《よげんしゃ》が輩出《はいしゅつ》されました。

不思議なことです。互《たが》いに連絡を取り合ったわけでもなく、影響を受け合ったわけでもないのに、そのいずれもが、同じように人間の本質を洞察《どうさつ》して生きるべき道を指し示しているのです。あたかも人類という一本の大木《たいぼく》が、思想という花を一時《いちどき》に絢爛《けんらん》と咲かせたかのような感があります。

そしてまた、ルネサンスから生まれた科学の潮流《ちょうりゅう》も、大きな転換点でした。地動説を唱《とな》えたコペルニクス、ジョルダーノ・ブルーノ、続いてガリレイ、ケプラーなどが次々に登場し、十七世紀のデカルト、ニュートンに至《いた》って、科学革命が完成されました。その後、近代になって世界中を席捲《せっけん》することになった産業革命は、この科学革命なくしてはありえません。

このように精神文明を誕生させ、産業革命を準備してしまったもの、それはいわば時代衝動《しょうどう》と言うべきものなのです。

そこに働いたのは、宇宙の源《みなもと》の意志であり、神の意志と呼んでもよいと思います。宇宙の源から放出された光の流れ——永遠なる神理の大河です。
人間は、その歴史の中心に届《とど》く、神の意志、サイレント・コーリングと響き合い応《こた》え合いながら、これまでの歴史をつくってきたのです。

魂の覚醒《かくせい》をうながす二十一世紀衝動《しょうどう》

歴史の流れが変わり、社会の枠組《パラダイム》そのものが転換するような時代には、人間の眼には見えなくても、猛烈《もうれつ》な勢いで渦《うず》を巻《ま》くエネルギーが全体を覆《おお》っています。時代のサイクロン（熱帯性低気圧の一種）が吹《ふ》き荒《あ》れているのです。巨木さえもなぎ倒《たお》し、思いがけないものを思いがけないところに運んでしまう圧倒的な力。そのような時代衝動が歴史の流れに、これまでいく度も「飛躍」と「転換」を与《あた》えてきました。

そして、今まさに、サイクロンが渦巻く時なのです。一体、時代は巨大な力で私たちをどこへ運ぼうとしているのでしょうか。混沌《こんとん》の中から新しい秩序《ちつじょ》を生もうとしている胎動《たいどう》が、私たちを揺《ゆ》り動かしています。一人ひとりがいかなる関心を持とうと、どのように生きようと、世界全体が大きく動いているのです。

星雲宇宙、竜巻《たつまき》や渦潮《うずしお》、そして排水口《はいすいこう》にいたるまで、渦巻くエネルギーに一貫《いっかん》しているのは、必ず台風の目のような一つの中心をもっていることです。強烈な意志とはっきりとした方向性があるのです。見えない、その中心の意志がなければ渦はできません。

私たちの時代の中心には、どんな意志が働き、何を生もうとしているのでしょうか。

それは、実に人間自身の変革。高次の人格を持った新しい人間の誕生です。

小さな自我から解《と》き放《はな》たれた、人類意識、地球意識に目覚《めざ》めた魂としての蘇《よみがえ》りということです。人間が自身の本性を恢復《かいふく》し、人間が人間になった本当の所以《ゆえん》を現わしてゆくときなのです。

それは無数の人々の、永《なが》き誓《ちか》いと祈りの果《は》てに、ようやく迎《むか》えることのできた待望の時代なのではないでしょうか。

この時代を吹き抜《ぬ》けようとしているサイクロン、魂の覚醒を促《うなが》し、新しい人間を生み出そうとしている時代のサイクロンを、私は「二十一世紀衝動」と呼びたいのです。

維新《いしん》のサイクロン

時代衝動《しょうどう》が巻《ま》き起こすサイクロンは、どのように時代を吹《ふ》き抜《ぬ》けてゆくのでしょうか。

私たちはそれを、明治維新《いしん》に顕著《けんちょ》な形で見ることができます。

明治維新は、わが国に大きな地殻変動《ちかくへんどう》が起こった、実に不思議で稀有《けう》な結晶体《けっしょうたい》のような一時代でした。

そこには、時代のうねりに応《こた》えようとした多くの魂の光が満ちています。維新の柱となった人物、西郷隆盛《たかもり》。統一国家という理念を持ち得た勝海舟《かつかいしゅう》。二人の出会いによって実現した江戸開城。それを支えた山岡鉄舟《てっしゅう》。

未来の日本に対する確かなヴィジョンを抱《いだ》いていた坂本龍馬《りょうま》。松下村塾《しょうかそんじゅく》の吉田松陰《しょういん》も、高杉晋作《しんさく》、大久保利通《としみち》も、また多くの志士たちも自分を超え、藩《はん》意識を超えようとした人たちです。彼らは皆、時代を揺《ゆ》り動かすサイクロンの中にわが身を投げ込《こ》んだのです。彼らによって維新の様々な出来事が織《お》りなされました。

では、彼らの多くを引っぱっていたエネルギーは何だったのでしょうか。長州《ちょうしゅう》、薩摩《さつま》、朝廷、その他諸々の思惑《おもわく》があったにせよ、倒幕《とうばく》を推進した力は、攘夷《じょうい》のエネルギーでした。自分たちを脅《おびや》かす外敵を蹴《け》散らし、排除《はいじょ》して国を守ろうというものです。長州や薩摩の志士たちの多くは、そのように考え、自分の命を賭《と》していたのです。

ところが維新は結局、開国という形で幕《まく》を閉《と》じます。蓋《ふた》を開けてみたところ、現実に生まれた結果は、彼らが思い描《えが》いていた維新とは、違うものでした。そのため維新政府は、明治初頭、急遽大挙《きゅうきょたいきょ》して欧米諸国の視察《しさつ》を行ない、維新の中身を決めなければならなかったほどです。

すべてを引き込みながら結びつけ、連鎖《れんさ》させた、巨大なサイクロンが去《さ》った後に残っていたのは、ただ「日本国の統一」というテーマでした。サイクロンの中心に刻《きざ》まれていたヴィジョンは、実はこれだったのです。

歴史は時に不思議な謎《なぞ》かけをするものです。維新の志士たちの思惑とは別に、彼らは結局、その中心の意志に応えていたということです。そのうねりの一部になっていました。先は見えなくても、やむにやまれぬ気持ちから、自らを時代の渦《うず》に投げ込んでいった彼らは、時代衝動を魂のどこかで受け取って応えていたのです。

人が時代衝動《しょうどう》に応《こた》えるとき

それは、土佐《とさ》の漁師《りょうし》の子であったジョン万次郎《まんじろう》や、播州《ばんしゅう》（兵庫県）の農家の生まれだったアメリカ彦蔵《ひこぞう》のような人物も同じだったのではないでしょうか。

彼らは二人とも、十三、四歳のとき、乗っていた漁船や商船が漂流《ひょうりゅう》してしまい、アメリカの船に助けられたことから、アメリカ本土に渡《わた》り、そこで言葉や新しい知識、技術を吸収するという、当時としては稀《まれ》に見る波乱の人生を送りました。

命を賭《と》して日本に帰ってきたジョン万次郎と、アメリカに帰化《きか》した彦蔵。彼らは、違いはあっても、共に日本とアメリカの架《か》け橋としてはたらきました。

帰国後、土佐藩校や江戸の開成学校で教えたり、咸臨丸《かんりんまる》にも乗り込《こ》み、幕臣《ばくしん》となったジョン万次郎。そして日米の通商のための通訳として活躍したアメリカ彦蔵。単なる偶然《ぐうぜん》とは思えない絶妙なタイミングです。まるで時代の風が、船を遥《はる》か異国《いこく》に運んだかに見えるではありませんか。

また、幕末《ばくまつ》に生まれ、わずか七歳のときに親の意向《いこう》によって、アメリカに留学した津田梅子《うめこ》も同じでしょう。二十歳過ぎてから帰国した彼女の眼に映《うつ》ったものは、日米の女性のあまりにも大きな意識の開きでした。女子高等教育の必要性を痛感《つうかん》した梅子は、人々の偏《へん》見《けん》や無関心と闘《たたか》いながら、アメリカの友人たちや、同じ留学生であった山川捨松《すてまつ》らの助力によって、女子英学塾（後の津田塾大学）を創設《そうせつ》したのです。

他にも、多くの無名の人たちがそれとも気づかず、維新《いしん》の底《そこ》にあった時代衝動に共振していました。江戸時代末期に、農村で一揆《いっき》が頻発《ひんぱつ》し、熱狂《ねっきょう》的な「ええじゃないか」の乱舞《らんぶ》が流行していることも偶然ではないでしょう。大塩平八郎《おおしおへいはちろう》の乱などは、幕府方の役人がその指揮をしたわけですが、そのようなことなど、それまでの通念からすれば、考えられないことでした。それは単に幕府の力が弱まったということだけでは説明のつかないことです。

苦しい生活に耐《た》えなければならなかった農民一人ひとりに至《いた》るまで、危機感が浸透《しんとう》し、誰《だれ》が伝えるのでも諭《さと》すのでもなく、時代の気配《けはい》を受けて、その「気」になっていたから起こったことでした。

一見しただけでは、彼らは明治維新と直接かかわっているようには見えません。彼らには攘夷《じょうい》という目的もありません。けれども、よく考えてみれば、時代衝動を共有していたのです。

勝海舟《かつかいしゅう》や西郷隆盛《たかもり》、坂本龍馬《りょうま》ら維新の志士たちばかりではなく、ジョン万次郎やアメリカ彦蔵、津田梅子のような人たち、そして大塩平八郎や、名も知れぬ農民一人ひとりに至《いた》るまで、すべてがこの時代のサイクロンに巻《ま》き込まれ、何らかの役割を演《えん》じた人々だったのではないでしょうか。

彼らは皆、この時代が果《は》たさなければならない進化の衝動を分かち合っていた存在でした。一つの細胞として、自分のはたらきを示したのです。全体で一つの、巨大な渦《うず》となっていたのです。

時代のヴィジョンを垣間《かいま》見る人間

無数の断片《だんぺん》が組み合わされることによって、思いもかけない一枚の絵が浮《う》かび上がるジグソーパズル――。

時代に預《あず》けられたヴィジョンは、巨大なジグソーパズルのようなものです。同時代に生きる一人ひとりは、宇宙の意志、神の意志によって世界にバラまかれたパズルの一片《ワンピース》にほかなりません。

誰《だれ》もが時代のヴィジョンの鍵《かぎ》を握《にぎ》る一片であり、自分の絵柄《えがら》を通して全体のヴィジョンを垣間見ることができるのです。

ただ最初は、自分の絵柄が見えない状態から始めなければなりません。けれども、人生に訪《おとず》れる出会いを通《とお》して、自分の絵柄に気づくことができます。そうした一人ひとりの目《め》覚《ざ》めによって、時代のヴィジョンは徐々に明らかになり、姿を現わしてゆくのです。

自分の絵柄を見た人は、それを訴《うった》え、全体に向かって叫《さけ》ばずにはいられません。人々に働きかけずにはいられないのです。維新《いしん》の時代を生きた人々は、まさにそうだったのでしょう。

時代衝動《しょうどう》と個人とは、そのように呼びかけ応《こた》え合うのです。

今、私たちは明治維新以上の、かつてなかった世界的な転換の渦中《かちゅう》にいます。その時代衝動のさらに深い意味をたずねてみたいと思うのです。

アトランティス文明と現代文明

深い瞑想《めいそう》に入っていた時のことです。一つの文明の滅《ほろ》びゆくあり様《さま》が、眼前に生々《なまなま》しく広がりました。

激しい揺《ゆ》れ、人々の悲鳴や叫喚《きょうかん》、津波が押し寄《よ》せてくるような、あるいは地鳴《な》りのような圧倒的な轟音《ごうおん》……。名状《めいじょう》しがたい異様《いよう》な雰囲気の中で、私の胸の奥から、「アトランティス」という言葉が繰《く》り返し湧《わ》き上がってきました。私はその時、アトランティス文明の最後の意識磁場《じば》に感応《かんのう》したようでした。

アトランティス文明の末期《まっき》、多くの人々は、時代の大勢を占《し》めていた快楽と権力を求める、怒濤《どとう》のような流れに巻《ま》き込《こ》まれました。自らその一端《いったん》を担《にな》い、気づいた時には既《すで》に遅く、文明の崩壊《ほうかい》を迎《むか》えることになったようです。隆盛《りゅうせい》を誇《ほこ》ったアトランティス文明が、なぜ滅亡《めつぼう》に追い込まれていったかを、瞬時《しゅんじ》のうちに私は感じていたのです。

突然このような遠い過去の文明の話を持ち出したのは、アトランティスの時代が他《ほか》でもない、私たちの現代と、深いつながりを持っていると感じるからです。

当時の世相には、現代と通じるものがあります。ある意味では酷似《こくじ》していると言ってよいでしょう。人々は物質的欲望の虜《とりこ》になり、刹那《せつな》的な生き方へ大きく傾《かたむ》いていました。エゴイズムとニヒリズムが蔓延《まんえん》していたのです。

少数の人々が強大な権力を握る中央集権的な支配体制の中で、権力の座《ざ》に昇《のぼ》りつめようとする人々は、熾烈《しれつ》な争いを繰り広げていました。そして反体制の勢力に対しては、苛酷《かこく》なまでの弾圧が加えられていたのです。互《たが》いを信じられず、人々の間を不信感が支配していました。滅亡の最大の原因は、こうした人々の心の荒廃《こうはい》と地球の変動の周期との一致にあったようです。

アトランティス大陸に関する記述が、紀元前四〇〇年頃のギリシアの哲学者プラトンの著書『ティマイオス』と『クリティアス』に見られることは知られています。

そこにはクリティアスが祖父から伝え聞いた話として、不思議な国アトランティスの栄《えい》枯盛衰《こせいすい》が描《えが》かれています。この上なく豊かで美しい理想の国アトランティス。やがてその繁栄の絶頂で、人々の傲《おご》りゆえに滅び去ったアトランティス――。

プラトンが書き記《しる》したアトランティスは実在したかどうか、実在したとすればどこにあったのか、実に多くの人々が興味を抱《いだ》き、探索《たんさく》し、研究を重ねてきました。

私はアトランティスの実在の真偽《しんぎ》の如何《いかん》以上に、人々がわずかな記述だけを手がかりにアトランティスをこれほどまでに追い求めてきたことの方がずっと重要だと思うのです。

人々はなぜ、こんなにもアトランティスに心ひかれるのでしょうか。歴史の変革の波の中に葬《ほうむ》り去られたとしても、不思議はなかったでしょう。確固たる証拠がないにもかかわらず、アトランティスのことが今日までなぜか抹消《まっしょう》されることもなく語り継《つ》がれてきた事実にこそ意味があると思うのです。

人々はアトランティスの向こうに、一体何を見ようとしてきたのでしょうか。

内なる力を開花させた文明

アトランティス文明は、私たち現代人とは全く違った発達の道を辿《たど》った文明でした。

私が自ら垣間《かいま》見、また指導霊から伝えられたアトランティス文明の一端《いったん》を記《しる》しておこうと思います。

アトランティスと一言《ひとこと》で言っても、長期にわたる文明であるために、その特徴にはいくつかの変遷《へんせん》がありました。けれども、常に一貫《いっかん》していたのは、人間が自分自身の内なる力を開発し、開花させていたことです。

たとえば、彼らは自分の中にある魂の力、想念のエネルギーを直接、外の事物に作用させて現わすことができたのです。

鉱物や植物とも、その力によって交流しました。植物を生長させたり、鉱物が持っているエネルギーを利用することができました。現代でも漢方医の中には、何百種類もの薬草を見分ける人がいますが、当時の人々は自然な力として備《そな》えていました。他の存在とのかかわり方が今日よりずっとダイレクトだったのです。

また、彼らにとって肉体と精神が一体であること（色心不二《しきしんふに》、身心一如《しんしんいちにょ》）は、当然のことでした。さらに、人と人とは体は別でも心、魂はつながっていると信じていました。ですから、治療師たちは、自分の心のエネルギーを病に罹《かか》っている人の心に移し入れ、その重い心を軽くすることによって、病を治《なお》していたのです。

記憶のあり方も、現代とは全く違いました。私たちは、知識や光景、感情を心に貯蔵《ちょぞう》して記憶します。けれども、彼らはいわば、磁場《じば》の記憶の再生力によって、多くの知識や言葉の貯蔵を必要としなかったのです。その場所に行くだけで、かつてそこで起こったことや体験したことが蘇《よみがえ》ってきたからです。

また、場所によっては、宇宙の「気」がとりわけ凝縮《ぎょうしゅく》しているところがあることも知っていたようです。天と地の間に立って、宇宙の意志をダイレクトに感じとることができたようです。場所の磁場《じば》との感応力が優《すぐ》れていたのです。

とりわけ現代人と著《いちじる》しく違う点は、ものごとの学習の仕方でした。たとえば、私たちにとって、大地のことを学ぶということは、土壌の成分や性質、そこにいる微生物などについての知識を仕入れることですが、彼らにとっては、自分たちの心を大地に潜入《せんにゅう》させ、一体化し、大地そのものを体験することでした。そうした対象そのものになりきるような全身的共感こそが学習の方法であり、何よりも大事なこととして尊重されていたのです。

ですから、彼らがテレパシーのような心と心を直接交《か》わし合う、意志伝達の力を持っていたのは当然のことです。言葉によるコミュニケーションよりも、ずっと直接的なコミュニケーションを行なっていたのです。内的なつながりの実感が強い時代でした。

それだけに、アトランティス文明は、現代文明の繁雑《はんざつ》さとは異《こと》なるシンプルさを持っていました。人間の内面がストレートに反映される文明だったのです。

他にも、念動力《ねんどうりき》や、透視力《とうしりょく》など、今日、いわゆる超能力といわれる能力を人間自身が自然に保っていたのです。こうした力は、誰《だれ》もが同じものを持っていたというわけではなく、それぞれの立場や役割の中で自業《じごう》として引き受けていたものでした。

伝承《でんしょう》に重きを置いた時代

アトランティス文明のもう一つの特徴、それは伝承を重んじたということです。両親や自分に連《つら》なる先祖という血のつながりを重視し、自分が引き受けた流れをとても大切にしていたようです。

この原稿を執筆している最中《さいちゅう》にも、アトランティスの記憶を持つ霊《れい》が、私に当時のことを様々に伝えてきたのですが、その方が現代の最大の問題点として、子どもたちが親を尊敬できなくなっていることを指摘していました。

「人間の歴史は、長く続いてきましたが、今日のように親子の断絶《だんぜつ》がひどく、親を尊敬できないなどということは、かつてありませんでした。人間にとって初めての体験であり、これは重要な問題です。物質的危機以上に、この魂の危機に着目《ちゃくもく》すべきです」と言うのです。その時、私に伝わってきた想いは、何とも言えない切なさと悲しみ、残念さでした。

私たちが感じている以上に、そのことが重大なことであることを教えられました。

彼は、単に今日の常識的な親孝行の勧《すす》めや、先祖を大切にするという意味からそう言っていたのではありません。当時の人々にとって自分に流れ込《こ》んできたものは、とりわけ大切なものでした。そこに尊《とうと》い意味を見出《みいだ》しており、自分のなすべき仕事、果《は》たすべき責任と深く関わるものであると感じていたのです。

たとえば、旧約聖書にあるように、自分に連なる魂のつながりを延々《えんえん》と言挙《ことあ》げするというようなことは、かつてはよく見られたことです。

自分の出所、源《ルーツ》を自覚すること、すなわち、自分自身の責任を確認するという感覚が根強くあったのです。

多くの人々がいて今の自分があること、自分の使命はその流れを引き受ける中でこそ果たされてゆくことを当然のこととして知っていたのです。アトランティス時代は、このような内的な伝承に重きを置いた文明でした。

宇宙とのつながりに目覚《めざ》めた文明

そして、アトランティス文明は、宇宙と地球のつながり、関係に目覚めていた文明でもありました。

アトランティス文明が直接反映したと言われる、エジプトのピラミッドは、その形や大きさなども含めて、実に宇宙的、天文学的な意味を持っていることが最近わかり始めてきています。ピラミッドの大きさには、地球と太陽の距離、月と地球の距離、地球の円周の長さ、地球の自転、公転の周期などの数字が秘《ひ》されています。その背後に隠《かく》されている叡《えい》智《ち》たるや、卓越《たくえつ》したものであり、現代科学でもその謎《なぞ》の解明に手間《てま》どっているのです。

そしてまた、ピラミッドには、はるか地球外に視点を置かなければ思いつかない構造や建造の仕方が見られるのです。一つの切石の大きさも巨大なピラミッド全体の把握が最初にあって、それを細分化してはじき出された大きさであると報告されています。

つまり、アトランティス文明期の人々は、物理的にも、「全体と部分」の関係を直覚《ちょっかく》する智慧《ちえ》を抱《いだ》いていたということでしょう。宇宙と地球、太陽と地球、地球と人間といった多重層的な全体と部分の関係を、実体として把握する力を持っていたのです。

当時の人々は、現代の科学的思考法とは異《こと》なった、内的な力、精神エネルギーを使う高度な文明を築《きず》いていました。

私たちがアトランティスに心ひかれるのは、このような内なる感覚が私たち自身の中に眠っているからではないでしょうか。どこかに置き忘れてきた、あるいは「封印《ふういん》」してきたものを思い出すからなのです。

今私たちが、二十一世紀に向かって踏《ふ》み入ろうとしているのは、アトランティスに象徴《しょうちょう》される内なる感覚、内なる力を取り戻《もど》してゆくことです。しかも、ただ外から内へということではありません。

超古代へ逆戻りをするのでもないのです。

外へ外へと発展し続けてきた科学の時代を通《とお》ったからこそ、迎《むか》えることのできる段階に入るのです。

言うならば、内なる力をもう一度取り戻し、それを外なる力と共に車の両輪として発揮させる、統合的な新たな文明の衝動《しょうどう》が今起こっているのです。

アトランティスの崩壊《ほうかい》を招いたもの

けれども、だからこそ本当に見つめなければならないことがあるのです。そのような、内なる力を軸《じく》にした高度な精神文明が発達していたにもかかわらず、アトランティス文明は、紀元前一万年前後に崩壊し滅亡《めつぼう》しています。人心《じんしん》が乱《みだ》れて末法《まっぽう》の濁世《じょくせ》のようになり、人間の意識に連動した天変地異《てんぺんちい》によって、アトランティス大陸は海中に没《ぼっ》してしまったのです。

それは、アトランティスの人々の意識が自ら引き寄《よ》せてしまった現実でした。つまり彼らが内なる力の使い方を誤《あやま》ったということです。使った結果、何が起きるかを見極《みきわ》めることができなかったのです。

人々は内なる力を開発して、面白《おもしろ》いようにその力を強めてゆきました。念動力《ねんどうりき》や物質化現象《げんしょう》も含めて、内的なエネルギーの転換の術を極めたのです。

すべての文明の退廃《たいはい》期に共通することですが、その力を快楽や私利私欲のために使う者が増《ふ》えてきました。ソドムとゴモラやインカの場合も、それに近い現象がありました。人間という存在自身が抱《かか》える闇《やみ》が、切ないまでに露《あら》わになっていったのです。

また、アトランティスの生活では長い間、物質は常に脇役《わきやく》でした。副次的なものであって、決して中心にはならなかったのです。それが末期《まっき》においては、しだいに人々の心を奪《うば》うようになり、人々が物質欲の虜《とりこ》となっていったことも、多くの文明の終末と共通しています。

そして指導者の中に、神以上になろうとする野心《やしん》を持つものが現われたのです。旧約聖書に出てくる、バベルの塔《とう》の伝説のように、神をも超える企《くわだ》てや実験を始めてしまったのです。そうした中で、当初は、宇宙の法則にのっとって調和的に使われていた内的な力も、自己本意の欲望達成のための道具と化《か》してゆきました。

もちろん、誰《だれ》でもがというわけではありません。心ある人々は、そのあり様《さま》を見て、大変嘆《なげ》き悲しみました。人間が宇宙や生命に対する畏敬《いけい》や愛を失って、その強大な精神エネルギーを自我我欲のために使うならどんな悲劇が起こるか、を感じたからです。

けれども、それを警告した彼らは、反逆者《はんぎゃく》として捕《とら》えられ、殺され、その傾向は増大するばかりでした。人々の心の中からは、思いもかけない闇が次々と引き出されてゆきました。狂気のエネルギーが渦巻《うずま》き、人々は一体何が真実で何が真実でないかわからなくなっていました。中世の魔女裁判やキリシタンの迫害、ナチス収容所などで行なわれたような残虐非道《ざんぎゃくひどう》なサディスティックな行為が、エスカレートしながら行なわれていったのです。

まだ十分に解明されてはいませんが、人間の想念のエネルギーは時には核《かく》エネルギーに匹敵《ひってき》する破壊力を発揮《はっき》するものなのです。その内的な力を物質に作用させることによって、核爆発に劣《おと》らない破壊行為に及《およ》んだようです。

滅《ほろ》んでいった文明の中には、人間の暴力的な精神エネルギーが、一つの方向に収斂《しゅうれん》され、極度に集中した結果、自然界の異変を引き起こしたことが原因であったことも少なくありませんでした。心はそのまま現象化します。唯心所現《ゆいしんしょげん》（すべてはただ心の現われである）という峻厳《しゅんげん》な法則です。自然界が繰《く》り返している周期と、巨大になった人間の破壊力が合致した時に、想像もつかないような天変地異が起こることがあるのです。当時、人間の影響力は、地球の規模をも超えようとしていました。

バベルの塔の結末も、そうした文明の崩壊を伝えるものの一つです。

一つであった民《たみ》の言葉が、バラバラになって通《つう》じなくなり、文明そのものが挫折《ざせつ》してしまったのです。

神を忘れた企ては成就《じょうじゅ》しないことを、この伝説は示しています。神を忘れるとは、魂を忘れ、願いを忘れて、自我我欲のまま突《つ》っ走ることです。

それは、つながっている事実を忘れてしまうということと等しいのです。そのとき人間が始めるのは、醜《みにく》く恐《おそろ》しい争いでしかありません。

アトランティスは、内なる力を持ちながら、挫折《ざせつ》したのです。何ゆえの挫折でしょう。それはアトランティスの人々が、人間の抱《いだ》く光と闇を十分に見極めることができなかったからではないでしょうか。

その文明が崩壊して、エジプトをはじめとして世界各地に散《ち》らばりました。そして、アトランティスの力は切実な悔《く》いとともに封印《ふういん》され、各地で新たな歴史が始まったのです。

とりわけ、エジプトにおいて、その文明は名残《なご》りを留《とど》めることになりました。古代エジプトの工芸美術の華麗《かれい》さ荘厳《そうごん》さは、ツタンカーメンの遺物《いぶつ》を見てもわかるように、人類史上においても抜群のものがありますが、三千年もの長い年月のどの時期をとっても、さほどの技術的変化が見られません。しかも、この間、戦争の影はほとんどなく、王の墓《はか》の副《ふく》葬品《そうひん》には武具がわずかしかないと言います。

実に多種多様な民族が共存していたエジプトにおいて、異種な人間同士が、これだけ長い間、大きな戦争をすることがなかったのも、アトランティスの後悔の深さを物語っているように思います。

私たちの時代は、その果《は》てに訪《おとず》れているのです。滅亡したアトランティスは私たちにとって、大切なサイレント・コーリングにほかなりません。アトランティスの人々の願いと後悔の光が、遥《はる》かな時を超えて届《とど》いているのです。しかもそれは、私たち一人ひとりの魂の記憶と強く結びついているということです。

現代人は古代人より進歩したのか

では、二十世紀の世界。遥《はる》かなアトランティスの呼びかけを受けている私たちの現実とは、どうなのでしょう。果《は》たして、人間の抱《いだ》く光と闇《やみ》を十分に見極《みきわ》めることができるようになっているでしょうか。

現代人である私たちの中には、自分たちが最《もつと》も進歩した人間であるという当然の前提が、しっかりと根を下《お》ろしているように思われます。

人間の歴史はいつも、前の時代の上に新しい時代を足《た》して引き継《つ》がれてきました。文明のことを考えてみても、それまでの時代に生み出されてきたものを暗黙《あんもく》の土台として、その上に新しい発見や成果を積《つ》み重ねてきたものであり、人間もまた、そうやって階段を昇《のぼ》るように進歩してきたのだと誰《だれ》もが考えています。

つまり、文明も人間の進歩も、今はこれまでの頂点にあるということを、疑《うたが》いようのない前提にしてしまっているのではないでしょうか。

竪穴式《たてあなしき》住居や石窟《せっくつ》に住《す》み、わずかな毛皮を身にまとっているだけの縄文人《じょうもんじん》よりは、私たちの方が当然進歩していると思うでしょう。現代という同時代においてもその進歩観に基《もと》づいて、自分たちより経済的に貧《まず》しい国や文盲《もんもう》率の高い国、科学技術のない国の人々に対しては、当然遅《おく》れていると見なしがちです。

確かに、私たちの周囲を見廻《みまわ》してみれば、人間がこれまでたゆまぬ情熱と、努力と、数多くの工夫《くふう》を注《そそ》ぎ傾《かたむ》けた結晶《けっしょう》が、あふれています。

どこまでも高層化するビル群、高速化する乗り物、巨大化する組織とシステム等、かつてなかったもので埋《う》めつくされています。

物質的豊かさや知識の量、技術力においては、現代はいかなる時代よりも突出《とっしゅつ》しているのです。昔に比べるならば、夢《ゆめ》のような生活を享受《きょうじゅ》している人も少なくありません。

けれども、その頂点に立っているはずの私たちは、もう一方で、「とんでもないもの」を手にしてしまっているのではないでしょうか。

近頃、提起《ていき》され続けている環境破壊をはじめとする地球的な問題もその一つです。けれども、そればかりではありません。それ以上とも言える問題を抱《かか》えていると私は感じるのです。

それは一人ひとりの内部にかかわる問題です。いわば、人間内部の空洞化《くうどうか》現象《げんしょう》とも言うべき、耐《た》えがたい焦燥《しょうそう》感や満たされない渇《かわ》きのことです。

そのままじっとしていることもできず、常に、より速く、より高く、より大きく、より多くを求めずにはいられなくなっているでしょう。

親は子どもを少しでもランクが上の有名大学、有名企業に入れたがっており、子どもはより多くの知識を詰《つ》め込《こ》むことに駆《か》り立てられています。

次から次へと新製品が生み出され、コマーシャルも三カ月もすれば古くなるといった状態です。テレビを大型にしたら、次は冷蔵庫。車もできれば買い替えたい。海外旅行も、アメリカの次はヨーロッパへ……。

お年寄りから子どもまで、男性も女性も、誰《だれ》もかもが、追い立てられるように、毎日を生きなければならない感じになっています。もっと便利に、もっと快適に、もっと大きく、もっと速く、もっとリッチに、もっと楽しく……。そのスピードはとどまるところを知らず、不充足感にはますます加速がかかっています。満たされぬ渇きを満たそうとするかのようです。

企業にとっても、利益とシェアの維持、拡大を目ざすゴールなき競争が、当然の前提になっているでしょう。

悲しいことに、心は少しも休まることがありません。一体どうして、こんなに追い立てられなければならないのでしょうか。

「中身空《から》っぽ」の人間観を強めた近代文明

私たちを無性《むしょう》に駆《か》り立ててやまないもの。物質文明の頂点で手に入れた、とんでもないもの——。

それは、自分の内に対する何ともしれない空虚感《くうきょ》、中心が空っぽでしかないという思い込《こ》みではないでしょうか。自覚もできないほど思い込んでしまった、いわば「中身空っぽ」の人間観とも言うべき信念です。

自分の中には確かなものがない。確かなものは外にある。

外にある価値あるもの、力あるものを取り込まなければならない。

早く、他人よりも少しでも多くを手に入れなければならない……。

このような想いが、実は心の底《そこ》で渦巻《うずま》いているのです。

ですから、何かを始めようとしたとき、心の中でひっきりなしのおしゃべりが始まるのではないでしょうか。

「大丈夫かな……」

「駄目《だめ》なんじゃないかな」

「いいのかな、いいのかな」

切ないまでにそんな感覚に、脅《おびや》かされている人が多いように思います。

知らぬ間に、それが私たち現代人の「基盤」になってしまっているのです。

こうした、人間の中身は空虚なものであるという誤《あやま》った信念をつくり出したもの、それは物質文明を繁栄《はんえい》させた近代科学にその原因の一端《いったん》を見出《みいだ》すことができるでしょう。

なぜなら、近代科学の中心には、「真理は客観的でなければならない」という考え方があり、それは必然的に「主観的なものは真理ではない」という結論を導《みちび》き出してしまったからです。つまり、自分の中から出てくるものは、価値のない、意味のないものに過ぎないということになってしまったのです。

科学的な考え方を信奉《しんぽう》してきた私たちは、知らず知らず自分の中にあるものを信じられなくなり、人間の精神を信じられなくなったのです。自分の内側に対する不信感です。

科学が与えた影響は、眼に見える世界に対してばかりではありません。実は眼に見えない次元、人間の意識や精神に与《あた》えた影響の方がはるかに大きなものだったと思うのです。

たとえば、近代科学の発火《はっか》点と言われるコペルニクスは、地動説を唱《とな》えたことで知られています。しかし、その説は一方で、それまで宇宙の中心にいた人間をそこから追い出すことにもなりました。これによって人間は、宇宙の片隅《かたすみ》を回《まわ》るささやかな存在でしかないと思い始めるようになったのです。

ダーウィンの進化論は、人間自身の起源や、人間と動物のつながりに目を向けさせました。その一方で、進化には目的も方向性もないという唯物《ゆいぶつ》的な人間観を人々の間に強めることになったのです。

フロイトは、人間には意識下のはたらきがあることに目を開かせ、精神分析という学問を樹立《じゅりつ》します。けれども一方では、人間の無意識が性的な抑圧《よくあつ》でしかないことを主張したことによって、人々は、人間とは醜悪《しゅうあく》なものを内に持っている存在であるとの印象を持つことになったのです。

神なき後に自我意識が中心になった

近代科学が生まれてきた背景を、ここで少し振り返っておきましょう。

中世のヨーロッパでは、人々は「神」を中心にした生活を営《いとな》んでおり、周知のごとくキリスト教会が絶対の権力を振《ふ》るっていました。その権力が揺《ゆ》らいだ変動と共に、近代科学は芽生《めば》えてきました。

十四世紀の中葉《ちゅうよう》からヨーロッパ全体を襲《おそ》った黒死病《こくし》（ペスト）の大流行も、その重要な役割を担《にな》いました。この恐《おそ》るべき疫病《えきびょう》によって、イタリアでは半数が死に、イングランドでは九割が命を落とし、ヨーロッパの全人口の四分の一から三分の一が病死したと言われています。これは大変なことです。

どんなに恐ろしく凄惨《せいさん》な光景だったでしょうか。昼夜《ちゅうや》の区別なく、人々はバタバタと倒《たお》れ、手当てする人もなく、そのまま死んでいったのです。黒い膿疱《のうほう》だらけの死体が町のいたるところに重なり、異臭《いしゅう》を放《はな》って、地獄そのものでした。

信仰さえ持っていれば救われると言われて、神を信じていた人々は、想像もしていなかった「死の国」を目《ま》の当たりにしたのです。当然、教会や神に対して疑問も持ったでしょう。中世社会そのものが揺らぎ始めた大きなきっかけでした。

そして、十六世紀になると、それをさらに揺さぶる出来事が起こります。その発端《ほったん》は、ドイツのグーテンベルクが発明した活版《かっぱん》印刷機によって、印刷物が盛《さか》んに出回りはじめたことです。それは、情報化の走りだったと言えるでしょう。

とりわけ大きかったことは、それまでは教会の、しかも司教クラスしか持っていなかったために、教会の権威の象徴《しょうちょう》ともなっていた聖書が、人々の目に触《ふ》れるようになったことです。それに加えて、教会が民衆に説《と》いてきたことと聖書に書かれていることの違いを知る人が出てきました。教会の欺瞞《ぎまん》性が明らかになり始めたのです。

宗教改革を推《お》し進めたルターは、そのような時代に登場したのです。免罪符《めんざいふ》を発行することによって権威と利益を守ろうとしてきた教会に対して、ルターは原点であるべき聖書に還《かえ》ろうと訴《うった》えたのです。その考えは印刷技術のお蔭《かげ》で爆発的なスピードで広く伝えられ、多くの人々の共感を得ることができました。

そうした過程と併行《へいこう》するように、近代科学は登場してきたのです。

十六世紀に地動説を説いたコペルニクスからガリレイ、十七世紀のデカルト、ニュートンを経《へ》て、いわゆる科学的な世界観、機械論的な世界観が完成するわけですが、その後も科学はその成果をどんどん具現《ぐげん》してしまいます。科学はあらゆる技術に応用され、産業を盛んにし、豊かさや便利さを人々のものにしてきたのです。

そのような科学的な真理が、教会の説いてきたことを覆《くつがえ》す場面が増《ふ》え、教会の真理はますます色褪《いろあ》せ、その権威もみるみる失墜《しっつい》してゆきました。社会の枠組自体が変わってしまったのです。

教会の凋落《ちょうらく》によって、神の存在そのものも一緒に引きずり堕《お》ろされたのです。すべてを統括《とうかつ》していた神という中心が、人々の心から失われてゆきました。十九世紀末のニーチェの「神は死んだ」という言葉は、それを象徴《しょうちょう》するものでしょう。

そして注目すべきことは、そのポッカリと穴《あな》のあいた頂点に、神に代わって座《すわ》ったのが人間の「自我意識」だったことです。自我意識とは、基盤に振《ふ》り回《まわ》される不安定な意識にほかなりません。その自我意識を中心に据《す》えるなら、混乱が深まらないはずはないのです。

これが「中身空《から》っぽ」感を生み出した重大な背景でもあったと思います。

現代は「違い」に敏感な競争社会

現代社会を見渡してみれば、「中身空《から》っぽ」の人間観の反映と思われる現象《げんしょう》がいたるところに見られます。

子どもたちを受験戦争に駆《か》り立てる偏差値教育。患者さんの自然治癒《ちゆ》力を軽視した薬づけ医療。経済においても、人間は企業活動の歯車のようにあつかわれていることが少なくありません。社会全体が「中身空っぽ」の人間観に侵《おか》され、一人ひとりの空洞《くうどう》感、空虚《くうきょ》感を強めているのです。自分を証明する「違い」を外に求めずにいられなくなっていることも、そのあらわれでしょう。

一流大学、一流企業など、世間が評価するところに所属していれば安心で、中にはそれで強気になる人も少なくありません。ブランド品を身につけていると、何となく安心して胸を張《は》れる気分にさえなってしまう。

そのためにブランドの獲得は、激しい比較競争を生んでいます。地位、名誉、財産といった外なる権威《りんい》、外なる尺度だけが自分を証明すると思えるからでしょう。

大人の社会にも、子どもたちの社会にも、この過剰《かじょう》なまでのブランドの争奪《そうだつ》戦が日々展開されています。とりわけ幼《おさな》い子どもたちが街角《まちかど》や原っぱで遊ぶこともなく、塾通《じゅくがよ》いをする姿には、痛々しいものがあります。

人々が皆、負けたら終わり、支配されるのは無価値、喪失《そうしつ》は脱落《だつらく》、だから勝たねば、支配せねば、獲得せねばと奔走《ほんそう》し続けています。

より効率的、より生産的であることが重視され、人も企業も国も、より上位へ、より優位へと「ナンバーワン」へ向けて突進する構造が、非情なまでに社会の中にでき上がってしまっているのです。そのため、違いによる社会的な差別感が強まるという状態も生んでいます。それは日本だけの現象《げんしょう》ではありません。

たとえば私たちの中には、アメリカに対して、自由で公正で平等な、人間性を重んじる国というイメージがあります。しかし、公民権運動の成果などにも見られるように、人種などの差別をなくそうと努力してきた一方では、かつて以上に見えない差別感が強まっている面もあるようです。非常に細分化された、新たな形の階級社会が生まれつつあるというのです。

白人の有色人種に対する差別感だけでなく、黒人には黒人の中で新たな差別感が生じています。ホームレスの人々の間でも、差別感がその人のアイデンティティを与《あた》えている場合があると言います。それは、他の国も例外ではないでしょう。違いをつくり出すことによってしか、人々は安定できないと思い込《こ》んでいます。人間は自分の中にしっかりした柱がない限り、どうしても違いを強調することに駆《か》り立てられるのです。社会全体がボーダーレスになりつつあることも、その傾向を一層強めているのです。

魂の戸籍《こせき》を失った漂流者たち

果《は》てしない競争の中では、人々は心身ともに疲れざるを得ません。競争に勝った人たちも、いつ自分が追い抜《ぬ》かれるかと心休まらず、競争に乗り遅《おく》れた人々は、自分を用なき者、価値なき者とみなし、自暴自棄《じぼうじき》に走ったり、刹那《せつな》の快楽に身を任せてゆきます。

自殺や神経症、分裂症の増加、麻薬患者の増大なども、そこに大きな原因があるとみてよいでしょう。

こうした現象《げんしょう》を見ても、一人ひとりの内側で知らない間に大変なことが起こっているように私には感じられるのです。それは自分の外側に対して、知識やブランドによって武装《ぶそう》をしてきたように、自分の内側に対してすら、完全武装を施《ほどこ》し始めているということです。

人間の中には本来、素朴《そぼく》に生命《いのち》をいとおしみ、大切に感ずる心があります。けれども、この激しい競争社会の中では、そのような感受性豊かな優《やさ》しい心では生き抜《ぬ》いてゆけなくなるでしょう。本当に相手の身になっていたら、地球の生命を大切にしようとしたら、商品を売りつけたり、会社を拡大することなどできなくなってしまうからです。

時には、人を人と思わず、生命を生命と感じない心へと、自分の心を改造しなければなりません。自分の素朴な感情に対してすらも蓋《ふた》をし、武装してゆくのです。

こうして自我の殻《から》は、外側に対しても、内側に対しても堅固《けんご》なものとなってゆきます。人間の本性の封《ふう》じ込《こ》めです。まるで、戦士が戦場で教練によって非情な殺人マシーンに改造させられてゆくのにも似《に》ていると思うのです。経済戦争、受験戦争の本当の恐《おそ》ろしさはここにあるのではないでしょうか。

こうした状況の中では当然のことながら、他人との絆《きずな》はどんどん断《た》たれてゆきます。その結果、人はますます孤立化してゆかざるを得ません。

アイデンティティというのは不思議なものです。言葉通りに言えば、確かに自分が他の人たちとは全く別個の存在であることの証明です。

けれども、それだけでは不十分です。他との違いを明らかにすることばかりにあるのではないのです。自分が何かのために役に立っている、自分がある人たちに献身《けんしん》している、同時にそう思えるときに私たちはより強く、より確かなアイデンティティを感じるのではないでしょうか。

他の人々との絆を断ち切ってしまえば、かえってアイデンティティは弱まってしまうのです。

孤立した中で自己実現しようとすれば、それはいつの間にか自我の殻の中に、自分を閉《と》じ込めてしまうことになるからです。

もっと言えば、人が本当にアイデンティティを確認できるのは、自分を遥《はる》かに超えた大いなる存在（宇宙意志、神）との絆を実感した時なのです。ところが現代人は、その絆の実感が持てなくなっています。「中身空《から》っぽ」感は、この大いなる存在との絆が断ち切られた感覚なのです。

そうです。

「中身空っぽ」感とは、魂がその戸籍を抹消《まっしょう》された空虚《くうきょ》感、みなし子のような故郷喪失《ふるさとそうしつ》感なのです。

汝、物質を姦淫《かんいん》するなかれ

このような中身空《から》っぽ感に侵《おか》された私たちの現実が、今日現代社会が抱《かか》える深刻な諸問題や危機と深く関わり合っていることは明らかなことです。

より快適に、より便利に、より大きく、より強くという飽《あ》くなき欲望の矛先《ほこさき》は、まだまだ物質へ物質へと向かっています。物質との関係が有史以来、最高に密接なものとなっていると言えるでしょう。

人間は物質から取り出せるものはすべて取り出し、利用できるものはすべて利用しようとしてきました。とりわけ、近代科学技術はそれに貢献《こうけん》しました。

有頂天《うちょうてん》になった人間の創造力は、巨大な物質の伽藍《がらん》をつくり上げてきました。

物質と人間の間にあったはずの見えないルールはとっくに破《やぶ》られ、歯止めのない結びつきをつくってきてしまいました。エコロジーの破綻《はたん》を訴《うった》える、鉱物、植物、動物の沈黙《ちんもく》の叫《さけ》びも聴こえなくなり、自分たちの欲望のままに、彼らの生命を冒《おか》すかのように貪《むさぼ》り続けています。地球の環境汚染、遺伝子《いでんし》操作などの危険は、その現われの一つでしょう。

かつてモーゼが、十戒《じっかい》の中で、男女の姦淫を戒《いまし》めたことが思い起こされます。それは男女の性の間にある見えないルールを犯《おか》すことを戒めたものですが、現代文明が進めてきたのは、物質姦淫だったのではないでしょうか。人間の勝手によって、動植鉱物を利用したり、切り刻《きざ》む現代文明とは、ルールを踏《ふみ》超えたやりたい放題の物質文明です。

そして人間は、物質との結びつきのために、地球という「いのち」の星の見えない絆《きずな》まで断《た》ち切ってきたことに、ようやく痛みを感じ始めているのではないでしょうか。

内なる力への衝動《しょうどう》——封印《ふういん》の解《と》かれるとき

物質姦淫《かんいん》を極《きわ》めた二十世紀。

違いと比較に明け暮《く》れながら、外へ外へと拡大し伸張《しんちょう》し突《つ》っ走ってきた現代文明は、まるでメビウスの輪のように、外に向かって突き進んでいるつもりで、気がついてみたら、実は内界への入り口に辿《たど》り着いていたという状態にあるのです。

たとえば、限りなく人間の脳に近づこうとする人工知能、コンピュータは、はからずも人間に「人間とは何か」という根本問題を問いかけるものとなっています。つまり人間が人間であることの証《あかし》を、さらに深い内面へと求めさせています。機械では決して到達できない、魂の領域。そこにしかない、全体とつながる深い叡智《えいち》へと人間を導《みちび》いているように思われるのです。

そして、人間にとって災厄《さいやく》とも言える核《かく》ですら、同じように呼びかけています。核は人間に「種《しゅ》」としての危機をはじめて予感させたものです。それまで人類は、「個」としての生存の恐怖に怯《おび》えることはあっても、「種」としての絶滅《ぜつめつ》を現実感をもって憂《うれ》えるようなことはありませんでした。それが広島の原爆投下によって、突然現実的なものとなったのです。この危機によって人間は、悔恨《かいこん》の念とともに「人類」という単位を自分ごとにし始めました。

つまり、核兵器の惨事《さんじ》は、「人類意識を引き出せ」というもう一つのメッセージを秘《ひ》めたものだったのです。

私たちが日頃から親しんでいるテレビも、衛星放送のシステムなどによって、一つの場所にいながらにして、地球の裏側のことまで手に取るように知ることを可能にしました。そしてそれは、人々に地球は一つであり、人類はつながっていると感じさせる助けとなっています。

宇宙ロケットも同じです。地球を外側から眺《なが》めることによって、宇宙飛行士たちは、地球という惑星《わくせい》の奇跡を直覚《ちょっかく》し、自分が紛《まぎ》れもなくその細胞の一つとして存在することを感じました。

それは、地球意識を引き出したのです。

彼らが宇宙で味わった神秘《しんぴ》体験は、地球の重力圏を突破《とっぱ》することによって露《あら》わになった、魂としての体験だったと思うのです。

つまりコンピュータや核《かく》エネルギー、テレビ、そして宇宙ロケットは、すべての人間の中から、魂としての感覚を引き出そうとしているものとは言えないでしょうか。

「意識の源《みなもと》に遡《さかのぼ》れ」「自他の境を超えよ」「見えないものを見よ」「つながりに目覚《めざ》めよ」というメッセージのように思われます。肉体法則に縛《しば》られた自我意識を解《と》き放《はな》とうとしているかに見えるのです。

内なる力への衝動は今や明らかです。

アトランティス以降人間は、外へ外へと開発を続け、全く異《こと》なった方向に進んできたようで、実は同じ内なる力に行きつこうとしていたということでしょう。かつて悔《く》いとどもに封印《ふういん》した力が解き放たれようとしているのです。

魂衝動《しょうどう》

内なる力への衝動。それは、源《みなもと》への回帰《かいき》の衝動と言えます。

科学の先端での遺伝子《いでんし》の研究も、脳の研究も、エコロジーの研究も宇宙の研究も、内なるもの、源にあるものを志向する時代衝動の現われと見ることができます。

遺伝子の研究とは、生命のメカニズム、無と有をつないでいる源を探求するものでしょう。

脳の研究は、肉体と精神のあいだを一つに結んで、生命として生かしている大本《おおもと》、その原理を追求しているように思われます。

エコロジーの研究も、自然界の調和を生み出している大本を探《さが》そうとするものです。共時性の研究も、人間の心と物や現象《げんしょう》をつないでいる根底にあるものをつきとめようとしているのではないでしょうか。

最近急速に進んできた臨死《りんし》体験の研究も、人間の生死の根源にある世界への関心の現われでしょう。

波動の研究も、物と心、人間と宇宙のあいだの新たな関係を追求しています。

これらすべては、物と心、肉体と精神、生命と非生命、人間と宇宙、それらをつないでいる源《みなもと》——その根源、大本を知ろうとしているのではないでしょうか。

それは今人間自身が源に遡《さかのぼ》ろうとしているということです。

人間は一体、どこから来てどこへ還《かえ》るのか——。

これは、誰《だれ》もが一度は考えたことのある問いでしょう。ある時ふと「死んだらどうなるんだろう」と不安になったり、「なぜ自分は自分なのか」「私はどうしてここにいるのだろう」と考えたりすることは、誰にもあるはずです。

それらはすべての源、自分という存在の故郷への遥《はる》かな憧《あこが》れであるのです。

自然界に存在するものは、必ずもとの場所に戻《もど》ろうとします。いわば帰巣《きそう》本能とも、循《じゅん》環《かん》性とも言うべきものを持っているのです。鳥たちがどんなに遠くまで行っても、必ずもとの巣《す》に戻ろうとするように、物質も姿を変えつつ、やがてもとに戻ってくるでしょう。

海の水は蒸発して雲になり、地上に雨となって注《そそ》いで大地を潤《うるお》した後、川となって、また再び海に戻ってきます。

すべての存在は、もとある場所から生まれ、さまざまな経験を重ねて、またもとの場所に戻るようにつくられているのです。

同じように私たちもまた、宇宙の源なる故郷に魂の戸籍《こせき》を置いて、この世界に生まれてきた魂であることを思い出すときが来ています。

この地上に生まれてきたことによって、肉体を持つことによって、人間は多くの不完全さを露《あら》わにします。そういう弱さを抱《かか》えることを自覚しながら、それでもその最《もっと》も中心に光を持つ存在であることを思い出さなければならないのです。

二十一世紀衝動とは、一人ひとりの魂の蘇《よみがえ》りの衝動なのです。

高次の人間の誕生

私たち人間自身の進化と開発が呼びかけられていることは明らかです。

基盤に支配されたままの狭量《きょうりょう》な自我から自分を解《と》き放《はな》つことによって、個人や民族、国家、人種などの違いを超えて人類意識、地球意識に目覚《めざ》めた人間。その奥に確かにある魂が目覚めた人間。自分の内なる光と闇《やみ》を知り、何が真実で何が真実でないかを見極《きわ》める智《ち》慧《え》を持った人間。時代はそのような新しい人間、「高次の人間」を生もうとしているのです。

八〇年代の末に中国とヨーロッパを駆《か》け巡《めぐ》った社会主義諸国での民主化の波、その後の世界政治の枠組の再編。九〇年代に入って起こった湾岸《わんがん》戦争に対して向けられた、環境の汚染を切実に憂《うれ》えるまなざし。九一年のソ連やユーゴを揺《ゆ》るがした民族問題と九二年に控《ひか》えるＥＣの統合。南アフリカにおけるアパルトヘイト（人種隔離《かくり》政策）の撤廃《てっぱい》。こうした社会現象《げんしょう》の変化も、新しい人間を生もうとする流れの現われでしょう。

けれどもその一方で、限界感を感じているにもかかわらず、これまでの流れを捨《す》て切れず、むしろ今まで以上に快楽を求め、力にすがろうとする怒濤《どとう》のような流れもはっきりとしてきています。力とは、人脈でありお金であり、それこそが正義でもあるという生き方です。ニヒリズム、刹那《せつな》主義、快楽主義、そして拝金《はいきん》主義の一層強烈な流れが渦巻《うずま》いているのです。

私たちの時代は、このように、新しい胎動《たいどう》と旧来の流れが激しくぶつかり合いながら、それでも高次の人間を生み出そうとしている時代なのです。

この高次の人間を生み出そうとしているのは、現代の私たちばかりではありません。遥《はる》かなアトランティスも、この時代を待っていたのです。過去に刻《きざ》まれたアトランティスの人々の後悔が、本当に癒《いや》される時代が来たということです。

内なる力（内なる智慧《ちえ》）を持ちながら、それを正しく用いることができなかったアトランティス。外なる力を大変な熱意と努力によって極めながら、物質姦淫《かんいん》に奔走《ほんそう》してしまった現代文明。かつてのアトランティスもまた、そうでした。人間の影響力が地球の規模《きぼ》を超えた時代です。

いずれの歩みに対しても、いずれの願いといずれの後悔に対しても、応《こた》えうる時代を、私たちは迎《むか》えているのです。

科学の時代もまた、人間が人間として進化してゆく上に、どうしても不可欠な段階だったのです。科学の時代を通《とお》るからこそ、可能になった新しいステージが、今ようやく私たちの前に招《まね》かれてきました。

それは、人間と神の存在、人間と宇宙とのかかわりの成長ということでもあると思うのです。その関係の成熟とは、子どもが親から自立してゆく過程にも喩《たと》えられます。幼《おさ》な児《ご》は自らのすべてを母親に預《あず》けて一体であった時期を過ごし、親への反抗を経《へ》て自立した後、やがて人生を共有する友人として互いに愛し合い尊敬し合えるようになってゆくでしょう。

私たちは今、神に対立したように考えられてきた科学の時代、いわば反抗期を経て、神と響働《きょうどう》する（響《ひび》き合い、はたらき合う）時代を迎えているのです。

す。

高次の人間にとって最《もっと》も大切なもの、それは、高次の弁別力――光と闇《やみ》を見分ける力です。

アトランティスと現代文明は、共にそれを呼びかけていると思うのです。新しい時代に高次の弁別力は、どうしても不可欠なのです。

アトランティスの人々は、内なる力の使い方を誤《あやま》り、彼らが自ら高めた内的なエネルギーを、一体どこにどう注《そそ》ぐべきなのかを見定《みさだ》める力を見失ってしまいました。

その結果、あまりにも無惨《むざん》な終末を見た人々は、どんな想いを魂に刻《きざ》んだことでしょう。喩《たと》えようもない自責《じせき》の念。抑《おさ》えることのできない憤《いきどお》り。口惜《くちお》しさと恥《は》ずかしさ。悶々《もんもん》とする苦悩。決して忘れることのできない後悔――。

アトランティスの後悔とは、その弁別の後悔です。

弁別力《べんべつりょく》――アトランティスが呼びかけるもの

弁別力を失った文明は、アトランティスばかりではありません。かつて栄華《えいが》を誇《ほこ》りながら退廃《たいはい》と混乱をあらわし滅亡《めつぼう》していった文明も、例外なくそうでした。ソドムとゴモラ、ローマ帝国、そしてインカ帝国のときにも、人々は同じように、エネルギーをどこに向かって注《そそ》ぐか、何が正しく何が間違っているのかを見極《みきわ》める弁別の力を失っていたのです。

そして、現代文明も同じ轍《わだち》をつけてきたのです。人間が大変な積《つ》み重ねと共に力を結集《けっしゅう》してかちえた、未曽有《みぞう》の影響力をどこにどのように使うのか、弁別することの困難にやはり突《つ》き当たっています。持てる力が大きければ大きいほど、文明のエネルギーが巨大であればあるほど、人々の弁別によって左右されるものの重みが増《ま》すのは当然のことです。なぜなら、文明ははじめから、腐敗《ふはい》と退廃の種子《しゅし》を宿命的に抱《かか》え込《こ》むものだからなのです。

文明の目的の一つは、人々の必要を満たすことでしょう。けれども一度、その必要を満たしてしまうと、どんなに本質的な必然性から出発しても、途端《とたん》に腐敗の危険にさらされる、ということです。

アトランティスの時代に引き起こされた混乱と悲惨《ひさん》、人間が現出《げんしゅつ》させた闇は、様々な文明の中に人類の業《ごう》（カルマ）として輪廻《りんね》しながら、私たち人間に長い間、呼びかけ続けてきたのです。

人はなぜ弁別力《べんべつりょく》を失うのか

では、なぜなのでしょうか。なぜ人は本当のことがわからなくなり、弁別力を失うのでしょうか。

一つの文明や帝国が滅《ほろ》び去ってしまうほどにまで弁別力を失うなどということは、にわかには信じがたいことです。

どうしてもっと前に気づけなかったのかと、普通は思うに違いありません。けれども、それがわからなくなってしまうところに、人間の深い問題があると思うのです。一章で見た、インカのあえない滅亡《めつぼう》。もう少しよく洞察《どうさつ》すれば、スペイン人の意図《いと》など見抜《みぬ》けたはずなのに、それができませんでした。

ナチス・ドイツによって行なわれた大量殺戮《ホロコースト》も、その残虐《ざんぎゃく》さの実態をよく知れば知るほど、なぜあんなことが起こり得たのか不思議でならなくなるでしょう。そこにも、人間の弁別力にかかわるいくつもの問題提起があります。

「どうして人々はヒトラーを救世主《きゅうせいしゅ》のように思ってしまったのか」「どうして純血《じゅんけつ》政策をおかしいとは思わなかったのか」。あとになって冷静に考えれば、どう考えてもおかしいことが、その渦中《かちゅう》にあってはわからなかった——。当たり前のことすら、状況によって見分けがつかなくなるのが人間なのではないでしょうか。

ナチスに加担《かたん》したほとんどの人は、そのときまで自分は人を殺したり、密告《みっこく》したり、裏切ったりすることなどない人間だ、と思っていたはずです。一体何が正しくて、何が間違っているのか、自分はよくわかっていると思い込《こ》んでいたに違いないのです。けれども実際には、自分は弁別力があると思っている人ほど、いざとなると真実が見えなくなるものです。

つまり、それだけの危《あや》うさと盲目《もうもく》性を人間は抱《かか》えているということです。そこに人間の「基盤」の恐《おそろ》しさと哀《かな》しさがあるのです。自分がコントロールしているつもりでも、結局は、逆に支配されて動かされてしまうのが人間なのです。そして、一番困ったことには、自分が危うさを抱えているという自覚がないことです。

意識にグレイ・ゾーンを持つ人間

ある時から突然、普通なら考えられない罪《つみ》を犯《おか》してしまうといったことは、ナチスの場合に限りません。

私たち人間の意識は、それほど確かではないということです。日頃なら決して犯さない罪も、周囲の状況次第で犯してしまう曖昧《あいまい》さと危《あや》うさを抱《かか》えているのです。

様々な事態に対して、できるかできないか、「白」か「黒」かは、はっきりしていると私たちは思っています。けれども、そうでもありません。実はどちらにもなりうる曖昧な、いわばグレイ・ゾーンとも言うべき灰色の領域を巾広《はば》く抱えているのです。混乱が増大する原因も、そこにあります。たとえば、ほとんどの人は、「人殺しができるか」と問われれば、「当然そんなことはできない」と答えるでしょう。けれども、わが子が傷《きず》つけられそうになっていたらどうでしょうか。思わず、怒《いか》りや憎《にく》しみが噴《ふ》き出し、過剰防衛ともなれば、相手を殺してしまいかねないでしょう。つまり、明らかに白だと思っていたものが、実はグレイであることがわかり、そしてあげくの果《は》てに黒になってしまう。

極端な例のように見えますが、誰《だれ》でも状況や条件によってはどんなこともなし得るということです。そして、人はすべての条件や状況を全部想定し得るわけではありません。人生にはどんな状況が突然訪《おとず》れるかわからない。極限にまで追いつめられたり、煙《けむり》に巻《ま》かれたりすれば、白はグレイ・ゾーンを通《とお》って、いつの間にか黒に移行してしまうということです。

人が弁別力《べんべつりょく》を失うとき――無関心の作用

こんな残酷《ざんこく》な実験の話があります。熱いお湯の中にカエルを入れる実験です。突然入れた場合には、カエルは慌《あわ》てて飛び出して助かるのですが、水の中に入れて、その温度を少しずつ上げてゆくと、カエルは憐《あわ》れにも、生命の危機を感知することができず、飛び出せないまま死んでしまうのだそうです。

たとえば、ナチスは、このカエルのように、意識のグレイ・ゾーンを揺《ゆ》れ動く人間の盲点《もうてん》をたくみに突《つ》いて、普通の人々を徐々に尋常《じんじょう》を逸《いっ》した殺人者や密告《みっこく》者などに変えていったのです。人々の内に眠る闇《やみ》をそうして引き出したのです。

実験という名目《めいもく》の下《もと》に行なわれた、おぞましいまでの残虐《ざんぎゃく》行為もそれでした。後で考えれば、ただ苦痛を与えるだけの何の意味もない人体実験だったのですが、当時の医師たちは、それに使命感すら覚《おぼ》えて協力していたのです。

また、中には、同調したり、加害者にはならないまでも、あのカエルのように徐々に追いつめられて、逃《に》げられなくなった人々も多数あったでしょう。

ある牧師は、ナチの運動が起こり、彼らが色々なことを始めたときに、自分が全く無関心であったことを悔《く》い、恥《は》じています。

「共産党員が迫害《はくがい》された。私は党員ではないからじっとしていた。社会党員が弾圧《だんあつ》された。私は党員ではないから、やはり沈黙《ちんもく》していた。学校が、図書館が、組合が弾圧された。やはり私には直接的な関係がなかった。教会が迫害された。私は牧師だから立ち上がった。しかし、その時はもう遅《おそ》すぎた……」

何とも悲しい告白《こくはく》です。けれども、これが多くの市民たちの典型《てんけい》だったのではないでしょうか。一人ひとりの無関心や無知による、安易な判断、逡巡《しゅんじゅん》、快の追求が、結果的にどれほどのことを引き起こすものであるかを歴史的な悲劇の多くは物語っています。

「無関心」は積極的暴力と違い、自分が加害者であるとの自覚《じかく》が持てないため、かえって、暴力を温存《おんぞん》し、助長させる要因《よういん》になってしまうのです。

偽装《ぎそう》された誇《ほこ》りと正義の暴力

ヒトラーが台頭《たいとう》し始めた第一次世界大戦敗戦後のドイツは、莫大《ばくだい》な負債《ふさい》を抱《かか》え、人々は困窮《こんきゅう》に喘《あえ》いでいました。人々の主たる関心事とはパンと仕事でした。つまり、貧《まず》しい中でパンと仕事を与《あた》えてくれる人を求めていたのです。それを与えると約束したのが、ヒトラーでした。

さらに、人々が求めていたのは誇りでした。衣食《いしょく》が足りることは大切な要件《ようけん》ではあっても、それだけでは本当に人間の生きる意欲にはつながらないものです。地に落ちてしまったドイツ民族としての誇りを取り戻《もど》すことが、もう一つの不可欠な要件だったのです。それを見破《みやぶ》り、そこに「偽装された誇り」を与えたのがヒトラーでした。

「ドイツ民族は世界に冠《かん》たる『選ばれた民《たみ》』である」と、自分たちの優位性と正当性を主張し、誇りと正義を鼓舞《こぶ》してくれるヒトラーは、人々にとって救世主のようにも見えたのでしょう。人々はそれが「偽装された誇りと正義」であることを見抜くことができないままにナチズムの中に希望と活路《かつろ》を見出《みいだ》し、自分の空洞《くうどう》を埋《う》めてくれるかに錯覚《さっかく》し、共感していってしまったのです。

そして、偽装された誇りと正義は、ドイツ国民の無意識の中にあった人種的偏見、ユダヤ人に対する排斥《はいせき》感情を著《いちじる》しく鼓舞しました。ユダヤ人に対する暴力を、誰《だれ》もが初めから肯定したわけではないでしょう。人々は意識のグレイ・ゾーンの中を、知らず知らずのうちに白から黒へと少しずつ移行させられていったのです。そうして人々の中から闇《やみ》が引き出されてゆきました。

人間が最《もっと》も残虐《ざんぎゃく》になれるのは、いつの場合でも自分に正義があると信じているときであり、そう認められているときなのです。

差別意識という原罪《げんざい》

そのとき、人々を大きく動かす原因になったのは、異質に対する嫌悪《けんお》感です。人間の中には生物としての本能的な異種《いしゅ》嫌悪があるのです。自分とは異種なものを排斥《はいせき》し、同種同士だけでかたまろうとする傾向があるということです。

それは人間が生まれながらに持たざるを得ない原罪とも言うべき差別意識でしょう。そうした傾《かたむ》きを超えて同種感情を広げることができるのは、本当に精神的に成熟《せいじゅく》した人間だけです。人間が抱《かか》えざるを得ない異種嫌悪、それを人間の弱点として利用したのがナチスでした。

私は、ナチス親衛《しんえい》隊が四百万枚も作成したパンフレットの写真を見たことがありますが、そこには、「亜《あ》人間」という驚《おど》くべき表現が書かれていました。アーリア人に対して、ユダヤ人を人間以下の存在としてそう呼んだのです。あるまじき差別です。神のつくられたかけがえのない存在に対して優劣《ゆうれつ》をつけるなど、誰《だれ》にもできないはずです。どんな存在も含《ふく》んで全体で一つであり、響《ひび》き合いながら生々流転《せいせいるてん》しているのがこの世界です。

けれども、この残酷《ざんこく》な差別意識に、多くの人々は同調してしまったのです。

あからさまに毒や刃《やいば》を見せられれば人は警戒《けいかい》しますが、自己肯定を許《ゆる》す正当性や安心を装《よそお》ったものに対しては、無防備、無思考になります。そういう時に人は弁別力《べんべつりょく》を失うのです。

アトランティスの滅亡《めつぼう》の時も、よく似た差別の状況が起こっていたようです。自分以下の存在をつくっておきたい、人を支配したい、自分の都合のよいように使いたいと思っていた人々は、奴隷《どれい》たちの解放を拒《こば》んだのです。

差別意識は、遠い過去からずっと変わることなく、超えるべき課題として私たちの前に横たわり続けているのです。

集団という巨人

そして、こうして人間が考えもつかない闇《やみ》を引き出すのは、集団になった時であるということも、考えておかなければならないでしょう。

それはちょうど、一滴《いってき》の水と大海《たいかい》とでは、たとえ成分は同じでも、性質も力も全く違う存在になるのと同じです。一滴の水にはできなくても、大海は船を呑《の》み込《こ》み、堅固《けんご》な堤防《ていぼう》をつき崩《くず》すほどの力を持っています。集団は、単に個人の集まりというだけではありません。集団という一つの単位であり、新しい意志を持った巨人なのです。

そして、集団に属《ぞく》する時、個人は一人でいる時の自分とは全く別の自分になってしまいます。一人なら踏《ふ》みとどまることも、集団の中で肯定されたとき、境界を破《やぶ》って容易に踏み越えてしまうところが人間にあるからです。だからこそ、大きな悲劇も起きるのです。

第二次世界大戦時にヨーロッパを席捲《せっけん》したファシズムばかりでなく、当時のわが国における全体主義の風潮も、集団になった時の人間の恐《おそろ》しさを、まざまざと見せつけてくれました。

ハーバード大学で行なわれた、こんな実験が報告されています。まず学生たちは、提示された線分と同じ長さの線分を、他の三本の中から選ぶように指示されました。この時は、間違った人が一パーセントにも満たなかったそうです。

ところが、二回目に明らかに間違った線分を選ぶように、前もって指示をした別のグループを同席させ、同じように実験をしたところ、正解率が激減し、四〇パーセント近くの誤答《ごとう》が生じてしまったというのです。

人間は周囲の影響を無自覚のうちに、いかに多大に受けているか、社会に順応しようとする傾向がどんなに強いものであるかが窺《うかが》えます。その大きさは影響という言葉ではとうてい表わしきれないほどのものです。

集団に属した時、多くの人はその集団の動向に依存的になり、無思考になってしまいます。指導者が右と言えば右、左と言えば左というように、従《したが》ってゆく傾向があるのです。人は集団になると、ほとんど弁別力《べんべつりょく》を失うといっても過言《かごん》ではありません。

それは、人間の中に全体につながろう、全体につながろうという根源的な欲求があるからです。一個の「独立した個」としての顔と「全体の部分」としての顔の二つを持つのが人間です。私たちの体のどの一つの細胞も、全体の健康と調和のために寄与《きよ》しようとしているように、全体への献身《けんしん》の欲求は、人間にとって存在の本能とも言うべき重要な欲求なのです。

それだけに、集団や組織を率《ひき》いるリーダーの責任は重いはずです。また、メンバー一人ひとりも、自分の属《ぞく》する組織や集団が目ざしているものが本当は何であるのか、よく見極《みきわ》める責任があるでしょう。自分が大海の一滴であり、巨人の一部であることを自覚《じかく》しなければならないと思うのです。

引き継《つ》がれる弁別《べんべつ》の灯

以上見てきてもわかるように、人間が高次の弁別力を持つことは、実に容易ならざることです。けれども、光と闇《やみ》を抱《いだ》く人間にとって、弁別力は求めずにはいられない魂の力なのです。

古今東西《ここんとうざい》を見渡してみると、表現の仕方は違っても、魂の弁別力の大切さを訴《うった》えた宗教や哲学、思想は数知れずあります。そしてそれを人々は引き継《つ》ぎ、受け継いできました。日本においてもそうした流れはいくつも見られます。

聖徳太子《しょうとくたいし》から始まり、鑑真《がんじん》、最澄《さいちょう》、空海《くうかい》、法然《ほうねん》、親鸞《しんらん》、道元《どうげん》、日蓮《にちれん》などによって、様々な形で日本人の心に浸透《しんとう》した仏教の流れもその一つでしょう。

フランシスコ・ザビエル（一五〇六～五二）によって伝えられたキリスト教もそうでした。ここではその流れについて、少し見つめたいと思います。

わが国の宗教史上、重要さの割《わり》にあまり省《かえり》みられていないように思われる事実があります。

フランシスコ・ザビエルらイエズス会士たちによって伝えられたキリシタン信仰が禁制となって、すべての宣教師《せんきょうし》が捕《とら》えられたり追放されたにもかかわらず、つまり誰《だれ》も指導者がいないのに、キリシタンの人々は、江戸幕府《ばくふ》の厳《きび》しい弾圧《だんあつ》を逃《のが》れるように隠《かく》れキリシタンとして自らの信仰を守ったという事実です。

禁止令以来、約二百五十年を信徒たちは灯を守るかのように地下に潜伏《せんぷく》し、代々その土地と血に、その心を受け継いだのです。一八六五年、来日した神父によって長崎でキリスト教徒が再発見されたとき、神父はその信仰があまりにも忠実だったため驚愕《きょうがく》したと言われています。指導者もいないのに、原型を崩《くず》さずして数百年もの間、伝承《でんしょう》し続けることなど、あり得ることではなかったからです。キリスト教伝道史の中でも、他に例を見ない出来事だとされています。

このことの意味を、今一度捉《とら》え直す必要を、私は感じるのです。この出来事には、キリスト教の伝道という枠《わく》を超えて、日本人に、そして人間自身に呼びかけていることがあると思うのです。

ザビエルを日本に送ったイエズス会の創設者、イグナチウス・デ・ロヨラ（一四九一頃～一五五六）が自らの歩みにおいて最《もっと》も大切にしたのは、霊《れい》的な弁別でした。

彼が「霊操《れいそう》」と呼んだ魂の鍛練《たんれん》法――神からのはたらきかけに十分応《こた》え得る強い魂をつくる修行――の核心《かくしん》は霊動弁別にあると言うのです。

自分の魂にはたらきかけているものが、神なのか悪魔なのか——。そのはたらきかけが慰《なぐさ》めを生じさせるのか、荒《すさ》みを生じさせるのか、神の意志を正しく受けとめるために、自分を動かす霊を見分けることです。

そしてザビエルもまた、ロヨラの第一の高弟《こうてい》として弁別を中心に置きました。たとえば、ザビエルがインドからさらに東方に赴《おもむ》こうとした時、その判断が果《は》たして神からの呼びかけなのか、そうでないかを、徹底的に弁別したことが伝えられています。彼は二百キロ以上もの炎天下《えんてんか》を徒歩で歩き、とある聖堂でそのことを数カ月にわたって確かめたのです。

昼間は人々への伝道に励《はげ》み、夜は祈りと苦行《くぎょう》といった生活を続け、ある日「深い慰《なぐさ》め」を感じ、東方へ赴くことが神の意志であることを確信するのです。その間、自分が東方へ赴こうとするのは、厳しい現実から逃避《とうひ》したいからではないだろうか、自分の中に人々への絶望感からの諦《あきら》めがあるのではないだろうか、虚栄《きょえい》心ではないだろうかと、深く深く内側に問い続けたのです。自分の判断の拠《よ》って立つところ、動機、衝動《しょうどう》を源《みなもと》に遡《さかのぼ》っていたに違いありません。

自分を衝《つ》き動かす衝動が、果たして魂の願いの発露《はつろ》なのか、それ以外の想いが混在《こんざい》してはいないのかを確かめることにおいて、徹底した姿勢を貫《つらぬ》こうとしたことが窺《うかが》えます。

二人が弁別に注《そそ》いだ心は、とても尋常《じんじょう》なものではありませんでした。

なぜ彼らは、そこまで弁別を求めたのかと疑問に思う人もいるでしょう。私は、それは彼らもまた、かつてアトランティスで弁別の後悔を深く刻《きざ》んだ魂であったからだと感じるのです。

その後悔が、ただひとすじの弁別力の希求《ききゅう》へと結晶化《けっしょう》したように思えるのです。そうさせたのは、魂の愛と祈りと誓《ちか》いの力だったのではないでしょうか。

二人の出身地であるバスクとは、アトランティスの移民たちが流れていった土地の一つでした。

そのような、ロヨラとザビエルたちを通じ、霊動弁別によって見極《みきわ》められた信仰がなぜ日本にもたらされたのか、その不思議は尽《つ》きることがありません。

折も折、それからヨーロッパは、科学の時代が始まり、人々の中から神との絆《きずな》がしだいに失われてゆく時代を迎《むか》えていました。つまり、「中身空《から》っぽ」の人間観が着々と準備され、浸透《しんとう》が始まる時でした。

やがてヨーロッパで失墜《しっつい》し、打ち砕《くだ》かれてしまう信仰が、あたかも、守られるために日本に伝えられたかに見えるのは偶然《ぐうぜん》でしょうか。

しかも、それを二百五十年、最下層にあった平凡《へいぼん》な貧しい人々が守っていたのです。それは単にキリシタン信仰という次元の問題ではないでしょう。

彼らの信仰が日々純化してゆかなければ、とても二百年以上も保たれなかったはずです。それは彼らが、人間の内側の最も深くにある慈悲《じひ》と愛、智慧《ちえ》の光、そして神と人間の絆に対して率直《そっちょく》であり、鋭敏《えいびん》であったから可能だったのではないでしょうか。それこそ弁別力を発揮《はっき》する不可欠の中心であり、真の主体性、霊的主体性とも言うべきものなのです。その類稀《たぐいまれ》な伝承《でんしょう》の資質を、私たちが受け継いでいるということでしょう。

日本人の中に流れていた伝承の宝、キリシタンが示した純化を伴《ともな》う伝承の力は、私たちの中に埋《う》もれさせてはならないものであると思います。

そして今、私たちはかつて以上にその源なるものに対する感覚、霊的な主体性を必要としているのではないでしょうか。

何が真実で何が真実でないか、何が大切で何が大切でないかを弁別できる内なる尺度を確立すること。小さな刺激で揺《ゆ》れ動く意識とは違う、魂の力による弁別力を必要としているのです。

明治以降、西欧化の進んだ日本では、欧米に劣《おと》らず、「中身空っぽ」の人間観が浸透しています。そこで失われてきた人間と人間、人間と自然、人間と神との絆を再び結び直して、また肉体と心と魂の絆を結び直して、真なる弁別力を蘇《よみがえ》らせる時代が来ているのです。

光と闇《やみ》をあるがままに見つめる

これまで、人間にとっての弁別力《べんべつりょく》ということを様々に考えてきました。弁別力を阻《はば》む仕組みを見つめてきました。それは人間が抱《いだ》いている可能性、光ばかりでなく、人間の弱さ、盲目性《もうもく》をも深く見つめること、つまり自分自身の姿をあるがままに見つめることが、何よりも弁別の基《もとい》になると考えたからです。

人間は人間だけに与えられた自由意思の力を抱いています。そしてそれだけに、弁別の困難にもさらされ、それを克服してゆかなければならない必然を持っているのです。

永《なが》きにわたって人々を導《みちび》いてきた人類の教師とも呼ぶべき存在の、比類《ひるい》なき弁別力には敬服せずにはいられません。インドの釈尊《ブッダ》、そしてエルサレムのイエスをはじめとする彼らのいずれもが、この弁別にかかわる厳《きび》しい歩みを持たれていることは偶然《ぐうぜん》とは思えません。

釈尊は、人間一人ひとりを慈《いつく》しみ、その内なる仏性《ぶっしょう》を本当に信じきられた方でした。しかし、俗世《ぞくせ》を離れてから六年の間、肉体行を徹底し、その後の禅定瞑想《ぜんじょうめいそう》の日々の最中、魔の執拗《しつよう》な誘惑《ゆうわく》を受け、それを退《しりぞ》けて、大悟成道《たいごじょうどう》を果《は》たされています。

人々から蔑《さげす》まれていた売春婦や取税人《しゅぜいにん》、そして病人の中に、かけがえのない人間性の輝《かがや》きをご覧《らん》になっていたイエスもまた、四十日四十夜の沙漠《さばく》の行の最中に、悪魔からの誘惑を受け、それを退けた後に、短い伝道の日々に入られました。

重要なことは、彼らがいずれも自己深くに専注《せんちゅう》していること、自分自身の内側に光と闇を深く深く見ていたことであると思うのです。

ことに闇について、イエス、釈尊は共に、魔を外に見ていたのではありません。自分自身の徹底した追究を続け、内なる闇（原罪《げんざい》と根本無明《むみょう》）との厳粛《げんしゅく》な対峙《たいじ》、内なる魔（マーラ、サタン）に通じる己心《こしん》の魔との対決を避《さ》けることなく、深く経験していたのです。

そして、このような地点を通過することが人間の弱さや盲目《もうもく》性を超えて、高次の弁別力を引き出す、きわめて大切な歩みなのです。

釈尊の説《と》かれた八正道《はっしょうどう》と中道《ちゅうどう》も、イエスが示された愛と祈りも、弁別のかけがえのない指針です。

自分自身を知ること、あるがままに見ること、如実《にょじつ》、公平のまなざしを持つこと、そして愛を第一の動機とすること、祈りの心を忘れないこと。

私たちが誰《だれ》も例外なく、神との絆《きずな》の中にあり、そこから切り離されない全体と共にあることを思い出し、今にあっても遥《はる》かな過去から未来に流れる永遠を忘れることがなければ、私たちの中から弁別の力は湧《わ》き上がってくるのです。

弁別の力とは、外の尺度ではなく、魂がずっと永い間持ち続けている力だからです。

このようにして弁別の力を育ててゆくこと、それはアトランティスから現代を巡《めぐ》る、遥かな歳月を貫通《かんつう》する後悔の光であり、あまたの名もなき魂たちの願いの光なのです。

そこに新しい時代、新しい文明が拓《ひら》かれてゆくことを、私たちは信じたいと思うのです。

第六章　創造の秘儀

創造という歓《よろこ》びと困惑《こんわく》

今から約八十年ほど遡《さかのぼ》る第一次世界大戦前のこと、飛行機を発明したライト兄弟のオーヴィル・ライト（弟）は次のように記《しる》しています。

「私たち兄弟が初めて飛行機をつくり空を飛んだとき、われわれはこれで将来の戦争を実際上不可能にする大発明をしたと思った。これがあれば地上で奇襲《きしゅう》をかけて勝つというようなことはとうてい不可能なことがわかり、従《したが》ってもう戦争をしかける国はなくなると思ったからである」

多くの読者は、首を傾《かし》げたくなられたのではないでしょうか。本気でそう考えるとはとても思えないからです。

周知《しゅうち》のごとく現実は、戦争がなくなるどころか、飛行機はその戦争の巨大化に貢献《こうけん》し、恐《おそ》ろしい兵器と化《か》して、原子爆弾すら落とすことになりました。それだけに発明の歓びと平和への期待が素朴《そぼく》に表われている彼の言葉には、何とも複雑な想いを抱《いだ》かざるを得ません。

これは、人間にとっての創造行為が何であるかを、実に象徴《しょうちょう》的に表わす言葉であると同時に、人間が気づかぬうちに現実にしてしまう闇《やみ》について、問いかけている言葉であるように思うのです。

そして、ダイナマイトの発明者であったノーベルやマンハッタン計画に参加して原爆をつくった学者たちも、ダイナマイトや原爆の巨大な破壊力が、戦争の抑止《よくし》力になると主張していたのです。彼らは共に、戦争と暴力を激しく憎《にく》んでいた人々でした。人間とは、常にこうした二面性を抱《かか》えている存在であることを痛感せざるを得ません。

人間がつくり出す戦争の一つを取り上げても、困惑《こんわく》は一層深まるばかりでしょう。人類史において絶《た》え間ないほど繰《く》り返されてきた戦争。その多くは、正義を掲《かか》げての戦いでした。それは、人間が持つ理想こそが戦争を引き起こしてきたという事実です。

その悲惨《ひさん》さと悪は、はっきりしています。にもかかわらず、これほど戦争を繰り返してきたのは、なぜでしょうか。それには、どんな意味があったのでしょうか。

戦争は破壊者にほかなりません。多くの犠牲《ぎせい》と辛苦《しんく》を人間にもたらしてきました。しかし、同時に同じ戦争が、科学や技術、文化や文明を生み出してきたことも本当なのです。新しい文化の多くは、戦争によって異《こと》なった文化が接触し衝突《しょうとつ》したところに、生まれてきたものです。また、現代の生活を豊かにしてきた科学技術の中にも、もともと軍事用に開発されたものが少なくありません。つまり、戦争と平和を単純に対立的に捉《とら》えることはできないということです。

もし、これまでの戦争がなければ、今日の文明も便利で快適な生活も、存在していないのです。これは、何という逆説でしょうか。

私の中に戦争にまつわる強烈な印象を刻《きざ》んだ思い出があります。それは熱い夏の日のことでした。講演のために広島に赴《おもむ》いた折《おり》に、私は何かに引っぱられるようにして原爆ドームに寄りました。その前に立った時、思わず靴《くつ》を脱《ぬ》いで素足《すあし》にならずにはいられませんでした。次の瞬間、私は足の裏から何か途方《とほう》もなく大きな力が這《は》い上がり、一瞬のうちに身体を貫《つらぬ》いて天へ抜《ぬ》けてゆくのを感じたのです。灼《や》けるような熱さと苦しみと悲しみが、辺《あた》り一面からゆらめきながら立ち上がっていました。それは、何の覚悟《かくご》もなく、ある日突然、劫火《ごうか》に灼かれ、熱に飲み込まれてしまった人々の生命のうめきでした。何という残酷《ざんこく》さ、悲惨《ひさん》さ……。

その時私は、幾千幾万《いくせんいくまん》の人々の未来への誓《ちか》いと祈りの声を聴いていました。そして、私たちは累々《るいるい》たる骸《むくろ》の上に立っているのだと強く実感したのです。

人間が、地球のスケールを超えるほどのエネルギーを握《にぎ》ってしまった今、私たちは改めて、人間の創造行為のあり方を見直すよう呼びかけ《サイレント・コーリング》を受けているのではないでしょうか。

二十世紀は人類のピノキオだった

人間だけに与えられた創造の力。心の中にあるものを具現《ぐげん》する力――。

先ほどまで、一塊《いっかい》の土くれでしかなかったものを、見事な器《うつわ》に変貌《へんぼう》させ、岩や樹木を人々の生活を守る住居にする力。羊の毛や綿《わた》の実を彩《いろどり》の美しい衣服に変える力。

欲しいと思ったものを手に入れたり、夢《ゆめ》を現実化することができる力。胸の内から湧《わ》き上がってくる欲望や野心、憧《あこが》れ、願いといった衝動《しょうどう》を具現化する力。そして時には、不安、不満、不便、不自由などから、私たちを解《と》き放《はな》つ力。

人々の心に潤《うるお》いや感動を与《あた》え続けてきた音楽や絵画、彫刻《ちょうこく》、建築、文学作品などを生み出す力。

物をつくり、人生をつくり、人間関係をつくり、社会をつくり、時代をつくる創造の力によって、人間はすべてをつくってきたのです。

創造力とは、あたかも魔術のような力です。現代人が手に入れた科学技術などは、その最《さい》たるものと言えるでしょう。それを最《もっと》も発揮《はっき》し、謳歌《おうか》してきたのが、二十世紀という時代だったのです。しかし同時に、その結果、人間が生み出し、つくり出したものや現実が、人間に対して反逆《はんぎゃく》を始めたのも二十世紀でした。

よかれと思ってつくったものが牙《きば》をむいて、自分自身に向かって襲《おそ》いかかってきているのです。飛行機やダイナマイトのように、当初の目的を逸脱《いつだつ》したところで利用されて人々の生命を脅《おびや》かしているものや、自然を破壊《はかい》したり、汚染《おせん》する原因となっているものがあります。豊かさを極限まで追求した結果、世界にはかつてない貧困《ひんこん》や飢《う》えも現われています。

人間を脅かすのは、人間がつくり出したものなのです。人間は自分たちが生み出してきたもの、現わしてきた現実と対決しなければならなくなっているのです。

今、私たちが直面している現実とは、あのピノキオをつくり出したゼペット爺《じい》さんの境遇《きょうぐう》にもたとえられるのではないでしょうか。自分がつくり出した操《あやつ》り人形によってひどい目に遭《あ》わされるゼペット爺さんは、思わずこう叫《さけ》びます。

「こんなはずじゃなかった！」

地球上は、まるでピノキオ現象とでも名づけるべき困惑《こんわく》と苦悩をもたらす現象でいっぱいになっているのです。

意識が環境をつくり、環境が意識をつくる

さらに重要なことは、人間の意識は、ものや現実という環境をつくり出しますが、次には現実的になった環境が人間の意識自体に多大な影響を投げ返してくるという事実です。意識は環境をつくり、その環境が意識をつくる――。そうやって影響を増幅《ぞうふく》し合って、一つの方向に世界をつくり上げてゆくのです。

たとえば、グーテンベルクの発明した活版《かっぱん》印刷の発明が、ルターの宗教改革に影響を与《あた》えたのは前章で見た通《とお》りですが、この発明は、人間の意識に根本的な影響を与えたと言えるのではないでしょうか。印刷技術は、人間が外からの知識を自分に取り入れるという回路を増幅、増大させるきっかけとなったものでした。

口頭でのコミュニケーションと、文字を媒体《ばいたい》とするコミュニケーションとでは、量的にも質的にも大きな違いがあります。

印刷術が発明されてから五十年にも満たないうちに、ヨーロッパの中の約三百の都市で

四万点以上、合わせて一千万冊の本が印刷され、ヴェニスの町だけでも百五十の印刷工場があったと言われます。いかに大変なスピードで情報が蓄積《ちくせき》されていったかが窺《うかが》えます。

特に注目すべき意識への影響は、人間と世界との間に距離《きょり》が生まれ始めたことです。文字によって書かれたものを眺《なが》めるのは、相対化の作業です。それは、科学的なものの見方とも同じですが、ものごとに対して客観的に、一歩離れて冷静に接《せっ》する態度を引き出すものです。印刷物によって、そういう態度を私たちは知らず知らずのうちに育ててきたと言えます。

また、たとえば、現代社会になくてはならないものとなっている「株式会社」は、十七世紀にその始まりがあるとされますが、この組織形態も、人間の意識に思わぬ影響を与えているように思われるのです。

当時は、次々と発明、発見される科学技術の開発が急テンポで、どうしても膨大《ぼうだい》な資本の蓄積を必要としていました。その行き詰《づ》まりを打開するために、「万一会社が倒産しても、投資家は投資した金を失うだけで、それ以上の損害は被《こうむ》らない」とする新しい有限責任の考え方が生まれ、株式会社が現われ始めたのです。

かつては、無限責任を負《お》わなければならなかったために、ためらいがちであった投資家たちは、こぞって投資に熱心になってゆきました。

そしてそれまでは、経営者の死と共に終わっていた事業がずっと存続《そんぞく》するようになったこともあって、長期間の計画や巨大な事業に手を出すことが可能になったのです。その結果、大量生産、大量消費の流れが生まれました。それは、物質観、人間観に多大な影響を与えたのです。

急速に広まった有限責任という一つの責任の背負い方も、投資に対してばかりでなく、それまで、暗黙《あんもく》のうちにあった社会的責任の取り方に対して、少なからぬ影響を与えたはずです。つまり、株式会社という人間がつくり出した仕組みは、人間の意識自体に影響を与えたのです。

意識が多くの現実をつくり出し、その現実によって意識がつくられる。

人間の創造の力、具現《ぐげん》の力は、このように自分と世界の間で、無限の連鎖《れんさ》を引き起こしながら、互いに影響を与え合ってゆくものなのです。

何かを現わしたら、そのことで自分自身も世界も、無限に影響を受けることになるということです。そして人間は、必ず何かをせずにはいられない存在です。その影響を知るのは、いつでも後になってからであること、常に「後に知る」人間であったことを、私たちは忘れてはならないでしょう。

未来の選択——断念《だんねん》が示す叡智《えいち》

それだけに、人間が自分の心の中から外に何を現わしてゆくかは、大切な未来の選択です。しかし、何を現わしてゆくかではなく、何を現わさないか、ということも、それに劣《おと》らぬ重要な未来の選択であると思うのです。むしろ、何かを諦《あきら》めること、断念することの方に、より深い叡智が現われることもあるのです。

第一次世界大戦と第二次世界大戦との谷間《たにま》に、社会運動に身を投《とう》じて生きたフランスの哲学者シモーヌ・ヴェーユは、興味深い報告をしています。

彼女は、その著書『根をもつこと』の中で、ギリシアの科学が技術的応用において多くの成果をあげなかったのは、能力がなかったからではなく、技術的発明が、暴君《ぼうくん》や征服者たちによって使われることを危惧《きぐ》していたからであると指摘しています。そして、当時の科学者の多くが経済的には不遇《ふぐう》であったにもかかわらず、自分の発明を個人の楽しみに止《とど》め、公《おおやけ》にしたり、応用することがなかったと言うのです。

古代の中国でも、火薬に近いものが発明されながら製造されなかったという話を耳にしたことがあります。わが国においても、同様のことがありました。十六世紀後半、鉄砲の大量生産に成功し、ヨーロッパと比較しても随一《ずいいち》の鉄砲使用国となりながら、その後、鉄砲を捨《す》てて刀剣《とうけん》の時代に逆戻《もど》りしてしまったのです。

人間は見出《みいだ》した力や技術を必ず試《ため》してみたくなり、使いたくなるものです。さらにはそれを、拡大、拡張せずにはいられません。その連鎖《れんさ》を途中で止めることはむずかしく、またたく間に応用を始め、さらなる開発、研究を進めてしまうのです。

ですから、これらがいかに稀有《けう》な「断念」であるか、それは人間の傾《かたむ》きを知るほど一層はっきりしてくるでしょう。

けれども人間が何でも思ったことを現実にする力を持った今日、断念を知る精神は、未来を切り拓《ひら》いてゆく上に欠かせないものなのです。

歴史の分岐点《ぶんきてん》に立たされる人間

「もしあの時、あの一言《ひとこと》を言わなかったら」「もしあの時、あの判断をしなければ」「もしあの時、あのような行動をとらなければ」、今頃、自分は全く違う人生を歩んでいたことだろう……、そう思う人は、決して少なくないでしょう。

ふと口をついて出てしまった一言から、新しい事業の話に発展したり、また離婚が決定的なものになったりする。あるいは、ちょっとした判断が思わぬ事態を招《まね》くこともあり、はずみでとった行動が大きな事件につながることもあるのです。

同じことは、人間の歴史にも言えます。後から振り返ってみたとき、一つの判断、一つの選択が歴史の重大な岐路《きろ》となっていたという例は、古今東西《ここんとうざい》にわたって見られます。

ソクラテスが進んで毒杯《どくはい》を仰《あお》いだこと。アレクサンダー大王が東方への遠征《えんせい》を思い立ったこと。釈尊《ブッダ》が、悟《さと》った真実を人々に伝えようと決心されたこと。コペルニクスが天体回転論を世に問うたこと。コロンブスが西回りでインド大陸への航海《こうかい》に挑戦したこと。リンカーンが黒人奴隷《どれい》の解放を支持《しじ》したこと。もし彼らがそのような判断、そのような選択を取らなければ、その後の歴史は大きく塗《ぬ》り変えられたに違いありません。

一九一四年六月、バルカンのボスニア州の首都サラエボで起こった一つの暗殺事件がもたらした影響の大きさは、歴史の中でも類《るい》を見ないものだったと言えるでしょう。第一次世界大戦の直接的な原因となったオーストリア皇太子《こうたいし》夫妻の暗殺です。その後の第二次世界大戦もまた、この第一次世界大戦の禍根《かこん》が引き起こしたも同然であったわけですから、セルビアの過激な愛国主義者の一青年がもたらした歴史への影響の大きさが、改めて迫《せま》ってきます。

たった一発の銃弾《じゅうだん》が、これほどまでに大きな波紋《はもん》を投げかけ、世界中を殺戮《さつりく》の戦場へと変貌《へんぼう》させてしまうことになるなどと、誰《だれ》が想像できたでしょうか。

当時イギリスの海軍大臣だったチャーチルは、その頃を振り返って、「大破壊の淵《ふち》にのぞんでいるのを知らずに、世界は非常に輝《かがや》かしいものであった」と回想しています。ドイツの皇帝ヴィルヘルム二世も暗殺の報道に接《せっ》した時には、遠い異国《いこく》で起きた自分とは無関係の出来事、としか受けとっていませんでした。やがて主戦国となったドイツやイギリスですらこんな状態であったわけですから、まして他の国は推《お》して知るべしでしょう。

もともとバルカン半島で、両勢力の主役を演《えん》じていたオーストリアとセルビア。

暗殺されたフェルディナント大公の側《がわ》にも、わざわざ暗殺を誘発《ゆうはつ》したとも思われるような判断がありました。暗殺された六月二十八日は、セルビアの民族的な敗戦《はいせん》の記念日だったのです。フェルディナント大公は、よりにもよってその日に、駐留《ちゅうりゅう》するオーストリア陸軍の大演習を総監《そうかん》するという判断を下《くだ》していました。

セルビア人にとって、いやが上にも愛国心の高まっているその日に、そんな危険な行動をあえてとれば、反発心を煽《あお》ることになることは火を見るより明らかでした。周《まわ》りも本人もその危険を十分懸念《けねん》していたのです。あとから考えれば、起こるべくして起こったとしか言いようのない暗殺事件でした。

そして、その後の波紋《はもん》が、あれほどまでに大きくなっていったのは、定説となっているように、各国の水面下ですでに、十九世紀の矛盾《むじゅん》と澱《おり》が飽和《ほうわ》点に達していたからだったのでしょう。従《したが》って、あの事件が起きなかったとしても、別の一因によって、戦争が起きたであろうことは衆目《しゅうもく》の一致するところです。

世界をまさに震撼《しんかん》させる地殻《ちかく》変動が足元で起きようとしていたのです。いわばマグマが硬《かた》い地殻を押し上げ、噴出《ふんしゅつ》する出口を探《さが》しているような状態だったのです。どんな亀裂《きれつ》でも一つ入れれば、噴き出すにはそれで十分でした。

あの青年は、知らず知らずそのようなマグマの上に立っていて、彼の握っていた銃がその亀裂を入れることになったのです。

人は時に、自分では与《あずか》り知らないところで、大きな影響力を持たされます。この場合のように、歴史にかかわるような岐路に立たされ、分水嶺《ぶんすいれい》としてのはたらきを担《にな》わされるということを経験します。

自分では気づかないうちに、考えられないような高い位置に押し上げられているのです。誰もがそうなる可能性を持っています。

そのときの一歩は、自分自身の一歩と言うだけでは足りない大きな意味を持ってしまうのです。

そしてそういう役割を与《あた》えられ、そういう位置に立たされるのは、私たち人間がみな想像以上に密接に関わり合うからです。互いの間には、網《あみ》の目のような糸が張り巡《めぐ》らされ、つながっています。

全体が一つにつながり合った、運命共同体なのです。

一人に何ができるか

赤十字社《せきじゅうじ》を創設したアンリ・デュナン（一八二八〜一九一〇）がその構想の実現に動き出したのも、たった一つの判断、小さな一歩から始まったことです。彼は三十一歳のとき、フランス領《りょう》アルジェリアでの事業の許可を得ようと、イタリアに出兵していたナポレオン三世に会いに行きました。

ところがデュナンは、戦場となったソルフェリーノの丘で想像を絶《ぜっ》する、多くの傷《きず》ついた兵士の惨状《さんじょう》を目《ま》の当たりにしてしまいます。それは大変な衝撃《しょうげき》でした。そしてそのために、何の医学的知識もないのに、彼らの手当てを始めてしまったのです。事業のことは後回しにして、デュナンが時代に応《こた》えた小さな一歩でした。近くの村の婦女子を集め、敵兵を当然恐《おそ》れる彼女たちに「私たちは皆兄弟である」と何度も呼びかけながら、敵味方の区別なく救助活動を続けたのです。

ソルフェリーノでの衝撃は、アルジェリアに戻《もど》ってからも、彼の中で鎮《しず》まることがありませんでした。それは、降《ふ》りかかった出来事のようにして、彼の中にあった魂の疼《うず》き――まだ現われていない魂の願いを目覚《めざ》めさせたからです。

そしてついに数年後、彼は一年をかけて『ソルフェリーノの思い出』という本を著《あら》わし、自分が受けた衝撃とそのとき思いついた構想――国境を越えた救護組織と傷病《しょうびょう》者の救護に関する国際協定の必要を訴《うった》えました。

反響はまたたく間にヨーロッパ中に広がって、多くの賛同者を得、デュナンの構想は実現されてゆくのです。

国境を争《あらそ》って戦争を続けていたのが、ヨーロッパの当時の情勢です。彼の構想は、実現など考えられないようなものだったのです。それが赤十字社の設立とジュネーブ協定として締結《ていけつ》されたのは、『ソルフェリーノの思い出』が出版されてから、わずか二年後の一八六四年です。これが、一人の人間の小さな一歩から始まった創造的営《いとな》みでなくて何でしょう。

そして、この事実は、デュナンの疼きが必ずしも特異《とくい》なものでも個人的なものでもなかったことを証明しています。一人の人間の中から引き出された「疼き」は、同時代に生きる人々と内側で深くつながり、歴史自体が孕《はら》んでいる疼きにもつながるのです。

一人ひとりはその時代が果《は》たさなければならない進化につながっています。その時代が開かなければならない扉《とびら》を知っているのです。あらわさなければならない時代の衝動《しょうどう》を分有している存在なのです。

全く現実的な理由から訪《おとず》れたソルフェリーノでデュナンは、強烈なインパクトを受けます。自分の疼きをとらえ、全体からの呼びかけを聴いたのです。そのときから、彼は神の計画――時代、全体のヴィジョンに巻《ま》き込《こ》まれるのです。時代の風が吹き込み、霊感《インスピレーション》が訪《おとず》れました。

「国境を越える救護の組織をつくりたい」

彼は自分が受けた衝撃、自分が見たヴィジョンを沢山《たくさん》の人にどうしても伝えたいという衝動に駆《か》られました。

自分の疼きから願いを見た一人の人間が、時代の疼きを形にしてしまった、創造の一歩を示したのです。

「縁《えん》」としてなしうることがある

インドの父と呼ばれ、インドの独立のために尽《つ》くしたガンディー（一八六九～一九四八）にも、たった一人で大きな影響を与えた、ある農民がいました。ガンディーと農民たちとの連帯の機縁《きえん》をつくった人物です。

南アフリカからインドに帰ったガンディーはある大会に出席したとき、チャンパランという土地から来たシュルカという一人の農民から、ぜひ自分たちの所に来て農民の苦しい生活の実情を見てほしいと訴《うった》えられました。

ガンディーは一度ならず断《こと》わったのですが、シュルカはガンディーの行く先々で熱心に懇願《こんがん》しました。

そこでガンディーは、とうとうヒマラヤ山麓《さんろく》のチャンパランまで出かけ、藍《らん》栽培の小作人たちが、イギリス支配と地主の搾取《さくしゅ》という二重の苦しみのもとに、極貧《ごくひん》の生活をしているのを目《ま》の当たりにするのです。

大きな衝撃《しょうげき》を受けたガンディーは、その後何百何千という小作人から、耕作《こうさく》や生活の実情をつぶさに聞き取り、丹念《たんねん》に調査をした後、農民の正当な権利を主張してゆくのです。途中、逮捕《たいほ》を含めて数々の弾圧《だんあつ》を受けながらも、彼が農民の主張を貫徹《かんてつ》できたのは、そのような確信があってのことでした。

そうして、農民たちと心触《ふ》れ合い、農民たちを愛し、農民たちと共に闘《たたか》うという、ガンディーらの歩みが始まり、それはインド独立に向けて民衆《みんしゅう》を結びつけていったのです。シュルカという農民は、自分が中心となって運動を起こしたわけではありません。しかしガンディーの「縁」となること、ガンディーに関わることによって、その道は拓《ひら》かれていったのです。

このように、歴史上に名を留《とど》めることもない一人の人間の中から生まれた判断や行動が、実際には歴史の岐路《きろ》をつくっています。そういう岐路にいつも立っているのが、実は私たち一人ひとりなのです。

青写真を描《えが》く人間

昆虫や鳥や動物がつくる巣《す》は、驚《おどろ》くほどうまくできていて、自然界の叡智《えいち》の結晶《けっしょう》を見る思いがします。蜂《はち》の巣や蜘蛛《くも》の巣を見ても、思わず感嘆してしまうほど造形的に美しく、人間がとうてい真似《まね》のできないものがたくさんあります。彼らは何の設計図も持たずに、宇宙の秩序《ちつじょ》を感知する本能によって創造活動を行なっているのです。そこに人間との大きな違いがあります。

人間だけの創造活動。それは、人間だけが前もって青写真を描くことができるということです。人間に与《あた》えられた権能、想ったことを形にする力の源《みなもと》はここにあるのです。

インドの聖典『ウパニシャッド』の中には、人間の特質を表わす次のような思想があります。

「神は鉱物の中で眠り、植物の中で目覚《めざ》め、動物の中で歩き回り、人間の中で思惟《しい》する」

これは、階層的に宇宙の存在をとらえた深い智慧《ちえ》の言葉であり、人間を他の動植鉱物から見事に区別しているものだと思います。

人間に与えられているとする「思惟する」はたらき。ここではそれは、単に思考するという意味にとどまるものではなく、人間の意識の営《いとな》みすべて、感覚、感情、思考、意志といった心のはたらき全体を示すと考えてよいでしょう。

人間はこの思惟する力によって、どんなにささやかなものをつくる時にも、あらかじめ、青写真を心に描きます。必ず何らかのイメージやできあがった状態を思い描いているものです。

多少ぼんやりとしていたとしても、また、つくってゆく途中で変更をしたとしても、創造のためには必ず青写真が必要になります。「創造」の前に「想像」があるのです。つまり、人間のあれやこれやと思い浮かべる力、想像力がものをつくり出している。想像力＝創造力ということです。

では、青写真を描かせているものは何なのでしょうか。それは、夢《ゆめ》や願い、憧《あこが》れ、野《や》心《しん》、野望などの情動であり、不快感や嫌悪《けんお》感、不自由感、不安や不満を解消したいという想いであったりします。

遠く離れている人と話ができたらとの願いから電話がつくられ、もっと楽にもっと早く移動できる乗り物があればと電車や飛行機が発明され、宇宙の果《は》てまで知り尽《つ》くしたいとの探究心はロケットを生み、より強い力を持ち他国を支配したいとの欲望は、より強大な武器や軍事組織をつくり出しました。

私たちの身の周《まわ》りを見回しても、すべては、人間の想念の産物であることがよくわかります。そして大切なことは、心の中で確かな現実感をもって、一度シミュレーションされたものが形になって生まれてきているのです。

信念の限界が具現《ぐげん》の限界

ですから、ライト兄弟が飛行機を発明できたのも、彼らがまず心の中で重力を超え、揚《よう》力《りょく》を信じたからにほかなりません。過去の枠組《わくぐみ》からするなら、重い物体が空を飛ぶことなど想いもつかないことです。願いの強さがその枠組を吹き飛ばしてしまったのです。

アンリ・デュナンが赤十字社を創設できたのも同じです。デュナンがソルフェリーノで見た、あまりに痛ましい惨劇《さんげき》は、彼の心の深奥《しんおう》を強く揺《ゆ》さぶり、魂の願いを引き出しました。

「ああ、何とかしてあげたい。国境を越えて傷病《しょうびょう》兵を救護できるような団体を、平和のうちに組織しておくことはできないだろうか」

彼の胸には、国境を越えた救護団体という青写真・ヴィジョンが描《えが》かれていました。現実に国境を越えた組織がつくられる前に、彼はすでに心の中で国境を越えていた——。心の中で越えることができたからこそ、現実の国境を越える組織をつくることができたのです。

心の中に現実感《リアリティ》をもって、より鮮明な青写真を描けば描くほど、確かな具現へとつながります。

信念の限界が具現の限界ということです。

創造と具現の第一歩は、みずみずしい青写真・ヴィジョンを描く想像力や構想力にあるということです。

人間は智慧《ちえ》持つ意志のエネルギーである

では、人間の創造行為の根本を牛耳《ぎゅうじ》っているもの、想像力や構想力の源《みなもと》は何なのでしょうか。

私はためらうことなく、それは「意志」であると答えたいと思います。他のどんな条件よりも意志が問われ、意志こそはあらゆる人間の営《いとな》みの源泉《げんせん》、根幹《こんかん》をなしているものであると思います。

ところが、私たちの実感としてはどうでしょうか。外的条件さえ整《ととの》えば、すばらしい創造活動は可能となるような錯覚《さっかく》があります。

「もっとお金があれば、もっと材料が揃《そろ》えられれば、もっと時間があれば、もっと技術を身につけさえすれば、もっと協力者がいれば可能なのに」といったことを切実な条件と考えてはいないでしょうか。もちろん、それらが整うことも必要でしょう。

けれどもそれだけでは、足りないのです。もし、それらのすべてが与《あた》えられていたとしても、そこに意志がなければ、どんな「創造」も起こらないのです。

逆にもし、外的な条件が何ら整っていなくても、そこに熱い願いを抱《いだ》いた貫《つらぬ》く棒《ぼう》のごとき意志が一本通っているなら、いつの日か必ずそこに「創造」が実現すると言っても過言《かごん》ではありません。

意志のありよう、やる気や意欲によって、青写真の描《えが》き方も、材料の集め方も、工夫《くふう》の仕方もすべて違ってくることは、誰《だれ》にも実感のあることでしょう。

エジソンが何千回もの失敗を繰《く》り返しながらも、ついに電灯を発明したのも、ナイチンゲールが病床にもかかわらず、新しい看護制度の確立をなし遂《と》げたのも、シュリーマンがトロイアの遺跡《いせき》発掘という夢《ゆめ》のような話を実現し得たのも、すべてそこに持続する意志があったからにほかなりません。

人間の本質は、智慧持つ意志のエネルギーです。一切《いっさい》とつながり、一切とチャンネルを合わせ得る智慧を抱いた意志のエネルギーです。私たち人間は魂のうちに創造の源であるエネルギーをはじめから抱いているのです。そしてその潜在《せんざい》力は、計《はか》り知れないほど巨大なものなのです。

そのエネルギーを引き出しているもの、そのエネルギーの方向や強さを決めているのが「意識」（表面意識）です。

車にたとえるなら、ハンドルやブレーキ、アクセルのはたらきをしているものです。ガソリンというエネルギーは、それ自身では何もできません。引き出され、使われてはじめて本領を発揮《はっき》するものでしょう。

意志のエネルギータンクのバルブを握っている意識。その意識のはたらきである感覚、感情、思考のあり様《よう》いかんで、巨大な意志のエネルギーの引き出し方は決まるのです。

エネルギーはいつも思い考えていること、関心や興味のある方向に向けて集まります。つまり、人生自体も、常に思い考えている方向に導《みちび》かれてゆくということです。逆に言えば、思い考えていること以外には、なかなかエネルギーは集まらないということです。私たちが何かをしようとする時、具体的な目標を立ててゆくのが有効なのも、こうした意志のエネルギーの基本的な法則があるからです。

しかも、虫眼鏡《むしめがね》で太陽光線を集めたような、一点に集中した強いエネルギーは、磁石《じしゃく》のように、その思い考えているものを引き寄せるのです。

霊感《インスピレーション》の訪《おとず》れ

本当の具現《ぐげん》や創造には、まだどこにもない青写真やヴィジョンがどこからか湧《わ》き上がったり降《お》りてくるように与《あた》えられます。それが、今まで人間が霊感の訪れと呼んできた瞬間です。そこに、創造の秘密があります。

長い間多くの人々を魅了《みりょう》し続けてきた芸術作品や文学作品は、霊感によって創作されたとしか思いようのないものです。多くの発明や発見もそうです。それらは、今までの枠《わく》を超えています。過去の延長線上でなく、次元の飛躍があるのです。その人個人の経験や知識から生まれたものとは、とうてい思えない叡智《えいち》の輝《かがや》きが、そこにあるのです。

霊感は、人によって様々な形で訪れますが、共通しているのは、自分の中から湧き起こったというよりも、自分を超えた大きな存在や力によって与えられたかのように感ずることであり、同時に、これこそ求めていた解決であるという喜びを伴《ともな》うということです。

『ファウスト』をはじめとして、霊感に満ちた作品を書いたドイツの文豪《ぶんごう》ゲーテは、自分の詩作について次のように語っています。

「私は、自分の詩をまったく違ったふうにして造った。私は前もって何の印象も、どんな予感も持たなかった。それは、突然、私の心に降《ふ》って湧いたかと思うと、あっという間にできあがった。だから、私は、自分が本能的に夢《ゆめ》見るように、その場で書き下《おろ》すよう駆《か》りたてられるのを感じた」

さらに続けて、あらゆる偉大な創意や発明や思想は、誰《だれ》かの思うままになるものではなく、一切《いっさい》の現世《げんせ》の力を超越した天からの賜物《たまわりもの》であると言い、その力は、一見自発的なものであるかに見えて、そうではなく、人間を思うままに圧倒的な力で引きまわすデモーニッシュなものであると言っています。

一方わが国では、空海《くうかい》が、霊感による創造行為について次のように記《しる》しました。

「霊感の奇《くす》しき訪れ、思考作用の微妙な働きについて考えてみると、ひらめきは抗《こう》しがたい勢いで押し寄せては、とどめがたい速さで引いてゆく。影《かげ》が消えるように隠《かく》れたかと思うと、響《ひび》きが起こるように沸《わ》きあがる。精神が本来あるがままに円滑《えんかつ》に働いているとき、思いは何と混沌《こんとん》として姿を現わすことか。構想は風のごとく胸中《きょうちゅう》に吹きおこり、ことばは泉のごとく唇《くちびる》をついて流れ出す。多彩にまた活発に着想が生まれて、ただ筆と紙を用いて書きつけるのを待つばかりだ。文辞《ぶんじ》はあざやかな光彩《こうさい》を放って目にあふれ、音声はすがすがしい響きを耳いっぱいに広げる」

そして、この霊感の訪れは、作者自身の内部から生み出されるものではあっても、自分の力ではどうしようもないものであり、それが働いたり満ちたりする原因が一体何であるかわからない、と述《の》べているのです。

時代も地域も全く違い、当然のことながら、会ったこともないこの二人が実によく似た表現をしていることに気づかれた方も少なくないと思います。

そして、それはこの二人だけではありません。モーツァルト、ベートーヴェン、シューベルトなどの音楽家の多く、そしてミルトン、ブレイクらの詩人たち。霊感によって作品を創造した多くの人々は、同じような体験をしているのです。

彼らに共通している中心的な感覚は、何と言っても、自分を超えた大いなる存在、あるいは巨大なエネルギーの実感です。

フランスの詩人ジャン・コクトーは「形を表わそうとするはたらきは彼方《かなた》から来たものであり、詩神の贈《おく》りものである」と言いました。アメリカの女流詩人アニー・ローウェルは、「詩人とはある種の波長によるメッセージを受ける能力を持つラジオのような存在である」と言っています。

自分の肉体を極《きわ》みまで鍛《きた》えたスポーツ選手の中にも、自分でも信じられないような記録を出せた瞬間には、自分であって自分でない大きな力が自分を支配していたように感じたと述べている人が少なからずいるということです。これも霊感の訪れです。

このように、霊感に打たれた人が必ずと言ってよいほど感じる、自分を超えた大きな存在、力とは、私たちの五官でとらえ得るものではありません。なぜなら、物質界の次元を超えた見えない世界の力だからです。

そしてその力は、ゲーテや空海も述べているように、私たちの日常的な表面意識で把握《はあく》したり、コントロールできるものではありません。その力が働く場とは、日常的な意識の基《もとい》にある潜在意識の次元、魂にあるからです。自我が後退し、表面的な意識のざわめきからふと離れるとき、そこに降《お》りるものがあるのです。

そこは、目に見える色や形、質量のある現象界とは次元を異《こと》にする目に見えない世界、実在界《じつざい》です。

つまり、魂を抱《いだ》く私たち人間は、現象界《げんしょう》と実在界の二つの世界に生きており、宇宙の叡《えい》智《ち》との接触は、見えない世界、実在界につながることによって、起こるのです。人間がこの二つの世界を結ぶ架《か》け橋となり得ること、実在界の叡智を現象界に運ぶ使者となり得ること、ここにこそ人間の人間たるゆえんと、果《は》たすべき使命があるのです。サイレント・コーリングは、実在界から発《はっ》せられる呼びかけなのです。

見えない世界との響働《きょうどう》

どうしたら、人間が人間であることを真に全《まっと》うできるのか。

どうしたら、人間の本性を恢復《かいふく》できるのか。

どうしたら、人間に与《あた》えられた力を正しく行使《こうし》できるのか。

それは第一に、自分自身の内側にある魂を信じることであり、見えない世界、天上の世界——一切《いっさい》の記憶と一切の叡智《えいち》が蓄《たくわ》えられている世界——の助力を、私たちが本当に信じられるかどうかにかかっていると思います。

広大な愛、深い叡智と共に生きた魂は、まず、内なるものを信じ、見えない世界との響働（響《ひび》き合い、共に働くこと）を忘れませんでした。

その原型のような人生——ソクラテス、釈尊《ブッダ》、イエスの足跡《そくせき》がそれを教えてくれます。

人間を導《みちび》いたソクラテス、釈尊、イエスはみな見えない世界との響働を忘れず、常にサイレント・コーリングを受けとる感覚を失っていなかったのです。

ソクラテスは、死刑を宣告《せんこく》され、そこから逃《のが》れることもできたのに、一カ月以上も死と向かい合い、毒を仰《あお》いで死んでいったのはなぜでしょうか。

釈尊は小国とはいえ王族に生まれ、やがてその国をまとめてゆく責任を負《お》いながら、なぜ出城し、一生を出家者として生きたのでしょうか。

イエスはなぜあれほど若くしてはりつけにかかり、罪人《つみびと》として死んでいったのでしょうか。

彼らが人類の師《し》であることは、今だから私たちにもわかるのでしょう。もし私たちがその場に居《い》合わせたなら理解できなかったかもしれません。そこにあったのは、人間が常に意を注《そそ》いでいた「快苦《かいく》」――豊かか貧《まず》しいか、名誉か不名誉か、力があるかないか、認められるか認められないか等――という尺度からは考えられないような生き方でした。

自分のことばかりでなく人々のことを、今のことばかりでなく永遠の時をいつも思っていたのです。三次元的な感覚から見れば、損失《そんしつ》しかもたらさない判断だからです。しかし四次元以降の高次元の眼でみれば、全く違って見えてくるのです。

ソクラテスの死はどんな意味を持ち得たか。釈尊の貧《まず》しい一生は何を示し得たのか。イエスの惨《みじ》めな死が何を遺《のこ》したのか。それから二千年もの歳月が過ぎた今日《こんにち》になってみれば、その時にはわからなかった大変な意味を、誰《だれ》もが否定しようもなく見出《みいだ》すことができるでしょう。これは何を示しているのでしょうか。

こうした生き方がいかに世間の尺度を超えているか、いかに自分に訪《おとず》れていたものを信じていたのか、ということでしょう。三人の判断の基《もとい》には、時の流れを超える永遠の眺《なが》めがすでに映《うつ》っていました。永遠の次元、一《いつ》なるものからの光が届《とど》いていたということです。ソクラテス、釈尊、イエスは、道を極《きわ》め尽《つ》くして道なき地点に立ったとき、それまでの人生から得たものではとうていなし得ない判断を重ねられていたのです。

彼らを動かした、人生を超える叡智、霊智《れいち》の光、彼らが耳を傾《かたむ》けたサイレント・コーリングは、彼らが持ち物のように所有していたものではありません。それらは常にそこに降《お》りてきたもの、そこに訪れたものでした。準備も計画も計算も役に立たないその場に立って、道のないところに立ち尽くして、見えない世界の助力、そこに降りてくる叡智をとらえたのです。彼らには、それができたのです。

ソクラテスがものごとを考え始めると、一昼夜《いっちゅうや》そこに立ち尽くしてしまうというようなことも珍《めずら》しくはありませんでした。自らダイモンと呼んでいた指導霊の導きに、いつも忠実であったことを告白《こくはく》しています。

理不尽《りふじん》な死刑の宣告に「悪法もまた法なり」という言葉を残して従《したが》ったのは、ダイモンの否定がなかったからです。ソクラテスの思想、ソクラテスの行動は、このようなダイモンの導きと切り離すことはできません。

一方、釈尊は六年の苦行《くぎょう》の後、禅定《ぜんじょう》の日々に入り、そこで悟《さと》りをひらきました。大自然と一つになり、内界に深く沈潜《ちんせん》して瞑想《めいそう》と観想《かんそう》の時を送りました。自らの意識の流れの一つ一つを注視《ちゅうし》して、意識を洗浄《せんじょう》浄化してゆく瞑想。澄み切った心に光に満ちたヴィジョンを描《えが》く観想。

その中で神理の全貌《ぜんぼう》が形を結んでゆきました。そうした禅定とは、自らの潜在意識との対話でもあったのです。

そしてイエスは愛する弟子たちと共にあっても、常に祈りを忘れませんでした。常に、神の声を聴こうとしていたのです。

彼は孤独でしたが、何の誇《ほこ》りもなかった貧しく弱い人々の魂を忘れることはありませんでした。頭上には神の心があり、隣《となり》にはかつて地上を歩んだ預言者《よげんしゃ》たちの魂がありました。何の保証もないのに、何日も沙漠《さばく》を歩き続けたエリヤ。そのエリヤに呼びとめられ、世間的な何の権威もないのに彼の言葉に従ったエリジオ。イエスはいつもこのような魂たちと共に歩み、その心にあった信仰、神との絆《きずな》を何度も反芻《はんすう》していました。

創造の秘儀《ひぎ》――我ならざる我として

この人類の師《し》たちは、いずれも自分を捨《す》てて他者に尽《つ》くすという現実を示しています。人々が固執《こしつ》するその時代の価値から離れて、遥けきまなざしを抱《いだ》いていました。慈悲《じひ》と愛、そして智慧《ちえ》を拠《よ》りどころとする、言葉にすればわかり過ぎているくらいの、この二千年来の神理を改めて見つめ直すときだと思います。彼らはそのために見えない世界を助力者として、自分を掘り下げ、砕《くだ》き、新たに生まれた存在でした。

「自らに死んで自らに生まれよ」、それが創造の秘儀であると、私たちに語りかけてくれているのではないでしょうか。

私はいつもこう思うのです。ソクラテス、釈尊《ブッダ》、イエスという偉大な魂でさえ、見えない世界の助力を常に感じつつ歩んでいた。あのような力を持ち、気高《けだか》い境地に至《いた》った魂でさえ、常に自らを委《ゆだ》ねる心を忘れなかった。見えない世界の助力に心を開いていた。ならばどうして、私たちがその助力を必要としないで歩むことができるのだろうと――。

見えない世界の助力を求め、大いなる存在に心を委ねること、それは依存などではなく、いわば新しい魂の開発とも言うべきものです。未《いま》だ私たちの中に混沌《こんとん》として形になっていなかった魂の力を芽吹《めぶ》かせる歩みなのです。

この世界には、多くの助力があります。そして同じように、眼には見えない次元の助力もあるのです。そこには守護的なはたらきをもつ存在（守護霊）もあれば、指導的なはたらきをもつ存在（指導霊）もあります。見えない世界と私たちははじめからつながっており、その助力を受けることができるのです。

たとえば、聖書のコリント人への第一の手紙の中には、霊の賜物《たまわりもの》という表現で、見えない世界の助力によってもたらされる霊的な力のことが記《しる》されています。知恵の言葉、知識の言葉、信仰、病気を癒《いや》す力、奇跡《きせき》を行なう力、預言《よげん》する力、霊を見分ける力、異言《いげん》を語る力、異言を解釈する力の、九つの力のことです。仏教で言う十力《じゅうりき》なども、そうした力のことを指しています。

見えない世界は、特別な条件を満たした優《すぐ》れた存在だけに助力を与《あた》えるのではありません。いかなる人に対しても、そのはたらきを及《およ》ぼしています。私たちに訪《おとず》れるひらめき、霊感、直観。自分では、自分で考えたり判断したと思っていることの中にも、そのはたらきがあります。そして私たちが内側に感じる促《うなが》しや疼《うず》き。彼らの助力の多くは、あたかも自分が思いつき、自分が発見したかのように感じるのです。

私たちが抱《いだ》いている人生の目的と使命のためには、見えない世界はあらん限りの助力を約束しています。むしろ、私たちの方が、その援助を拒《こば》んでいるのです。見えない世界のはたらきを認めず、頭では認めていても本当には信じず、信じていると言いながら忘れているのです。

それでは、知識や経験の枠《わく》を超えることはできません。

小さな自我を超えて「我ならざる我」として見えない世界に自らを委ねたとき、はじめて人間に与えられた創造の権能を全《まっと》うすることができるのです。

人間の使命

ところで、私たちは自分が自分であること、人間という種《しゅ》がこうして存在するということを何か当たり前のことのように感じていますが、それは本当なのでしょうか。

そうではありません。私たち人間は、偶然《ぐうぜん》とは決して思われないほどの奇跡《きせき》的な確率で誕生《たんじょう》してきたのです。

たとえば、光と熱を放射《ほうしゃ》し続けている太陽は、私たちにとって一日たりとも無くてはならない存在ですが、この太陽と地球の距離《きょり》も、今よりわずかでも遠かったならば、地球には生物が棲息《せいそく》することはできませんでした。

また、私たちの体を構成する極《きわ》めて重要な元素である炭素も、始めから地球に存在していたのではありません。炭素は数十億年の活動を経《へ》た星から放出され、宇宙空間に飛び散《ち》ることによって地球上のものとなったのです。

有害な宇宙線から私たちを守っているオゾン層《そう》がつくられるためには、三十億年以上もの植物の営《いとな》みが必要でした。

数千種という鉱物、数十万種を超える植物、数えきれないほどの昆虫や鳥や動物たち、目に見えない微生物や菌《きん》類などの存在があって初めて、私たち人間は生きているわけです。

いわば巨大なピラミッドの頂点に立っている、ほんの一握りの存在、それが人間――。

その人間に与《あた》えられているのが、思ったことを形に表わす創造力という権能なのです。

それは、私たちが地上にイデアの世界を現わしてゆくために与えられたものであると思います。他を理解し、思いやったり、遠い過去を顧《かえり》み、遥《はる》かな未来を望み見ることができる意識の力によって、この創造力を駆使《くし》してゆくことが人間には許《ゆる》されているのです。そして、人生こそ、そのための創造の場《フィールド》です。

天と地を一つに結び、その間にある一切《いっさい》の存在——動植鉱物の本質を愛し、それらを伴《ともな》って、共に神的《しんてき》生命に向かって進化する道を歩んでゆくこと。私はそれが人間であることの共通の使命であると思うのです。

けれども、人間だけに与えられた、まさにその権能によって、人は他を傷《きず》つけ、苦しませ、そればかりか、自分自身までも苛《さいな》み続けてきたことは、否定のできない現実でした。この世界に生きることそのものが矛盾《むじゅん》と逆説を孕《はら》んでいるのです。

誰《だれ》かが楽して生きようとすれば誰かが苦しまなければならない。誰かが得をすれば、誰かが損《そん》をする。知らず知らずのうちに互いに迷惑をかけ合い、良かれと思ってやったことが誰かを傷つけている。一面では社会の役に立っていることでも、一面では人を脅《おびや》かすことがある。

仏教ではそういうこの世のことをサハー、忍土《にんど》と呼びます。誰もが耐《た》え忍《しの》ばなければならない場所という意味です。

人間を悲苦《ひく》の器《うつわ》としてとらえ、そこに惜《お》しみない慈悲《じひ》のまなざしを注《そそ》がれた釈尊《ブッダ》の想いをそこに見るような気がします。

人間に与えられた力も、このような忍土に働かざるを得ません。一人の力が人々の力がそういう矛盾を孕みながら働いているのです。

私たちは未来への責任において、このような忍土の認識を深く刻《きざ》んでおくべきでしょう。

地上に生まれてくることは、一つの民族、一つの人種、一つの国家、一つの家、一つの性に属することを意味しています。生きてゆくことは、一つの組織、一つの立場に深く関わってゆくことにほかなりません。

そしてその一つの立場に立つことは、必然的に政治的、経済的、宗教的なあつれきの原因を生むのです。

たとえ、純粋な善意をもってしても、人間の創造の力、想念を形にする力は、光ばかりでなく、闇《やみ》をも現わしてしまうのです。

けれども私たちは、いずれかの立場に立たなければなりません。そしてその一つの立場を引き受けることなしに、本当に生きることはできないのです。

人間は矛盾に満ちた忍土に身を置きながら、創造力を行使《こうし》してゆく存在です。ならばせめて、自分であることを徹底的に引き受けながら、自分を超えてゆこうとする精神を貫《つらぬ》きたいと思うのです。

一つの立場、一つの組織、一つの民族に身を置きながら、最終的にはそのいずれにも止《とど》まらずに、そこを超えてゆくのです。その一つ一つに根を下《お》ろしながら、その先はもっと深くすべてをつないでしまう根源《こんげん》にまで達しなければと思います。そのとき私たちは本来の私たち自身となり、見えない助力を受ける「我ならざる我」になっているのです。

そういう自己を超える疼《うず》きを、誰もが抱《いだ》いているのではないでしょうか。宇宙意識、地球意識への憧《あこが》れです。

どれ一つとして同じもののない個であることから出発して、あらゆる立場を超えて、宇宙そのものにまでつながってゆくときに、私たち人間の本来の創造の力はあますところなく発揮《はっき》されるでしょう。

宇宙は、人間のように智慧《ちえ》を持つ存在を迎《むか》えてはじめて、自分自身の姿を認識することができるようになりました。極微《きょくび》の世界から極大《きょくだい》の世界に至《いた》るまで、物質界も意識界も、すべてを心に映《うつ》し出すことのできる存在がいて、その全貌《ぜんぼう》は感じ取られるのです。

夜空の星々に言い知れぬ畏怖《いふ》と郷愁《きょうしゅう》を感じ、流れゆく水に無常《むじょう》を想い、小さな花に歴史上のいかなる栄華《えいが》にも勝《まさ》る輝《かがや》きを見出《みいだ》す人間。

そのように、宇宙を映し出す人間の中で、日々新たに宇宙は、刻一刻《こくいっこく》と生まれている――。人間は、いついかなる時も、その魂の力によって宇宙を創造し続けてゆく存在なのです。

おわりに

内なる羅針盤《らしんばん》を取り戻《もど》せ

未来を切り拓《ひら》いてゆく鍵《かぎ》は、私たち一人ひとりの内側に隠《かく》されています。どこか遠いところにあるのではありません。

それが一体どういうことかを示してくれる、こんな話があります。中国に長い間住《す》んでいたヨーロッパ人、リヒャルト・ヴィルヘルムが、心理学者ユングに語ったという膠州《こうしゅう》の雨乞《あまご》い師《し》の話です。

大変な日照《で》りが続いたときのことです。人々がありとあらゆる手立てを尽《つ》くし、また祈り続けたにもかかわらず、何カ月ものあいだ一滴の雨も降《ふ》らず、事態は深刻さを増《ま》すばかりでした。困り果《は》てた最後に、誰《だれ》からともなく発《はっ》せられた「雨乞い師を呼んでこよう」という声に、皆は一も二もなく賛同しました。早速、別の地域から一人の老人が呼ばれてきましたが、彼はやって来るとすぐに「静かな小屋を一軒貸《か》してくれ」とだけ頼み、その中に閉《と》じこもってしまったのです。

ところが、三日間が過ぎ、四日目に入ったとき、何と上空に雲が集まってきて、雪など降《ふ》るような季節ではないのに、大変な吹雪《ふぶき》になったというのです。町中は雨乞い師の噂《うわさ》でもちきりになりました。その町に長い間滞在していたヴィルヘルムは噂を聞いて、その謎《なぞ》を確かめたくなりました。そして、かの老人にどんなことをしたのか、全く西欧《せいおう》的な発想でこうたずねたのです。

「彼らはあなたのことを雨乞い師と呼んでいる。あなたがどのようにして雪を降らせたのか、教えていただけますか?」

するとその小柄な老人は言いました。

「私は雪を降らせたわけではありません。私は関係ありません」

「ではこの三日間、あなたは何をしていたのです?」

「ああ、そのことなら説明できます。私は別の地方からここへやってきたのですが、そこでは万事が秩序《ちつじょ》立っていました。ところが、ここの人たちは秩序から外《はず》れていて、天の命じている通りになっていなかったのです。つまり、この地域全体がタオ（道）の中になく、そのために私まで物事の自然な秩序の中にいないという状態になってしまったわけです。そこで私は三日間、私がタオに帰って自然に雨がやって来るまで、待っていなくてはならなかった、というわけなんです」

ここで言うタオ（道）とは、森羅万象《しんらばんしょう》、万生万物の根源《こんげん》にあって一切《いっさい》を支《ささ》えている「一《いっ》」なるもの、その運動法則であり、タオに帰るとは、その「一」なるもの＝神と一つになった自分を呼び出すことです。

この雨乞い師の行動に、私たちは新しい時代を切り拓いてゆく鍵の一つを見出《みいだ》すことができるでしょう。その鍵とは、宇宙と響《ひび》き合う内なる尺度を持つということです。

老人は村人に呼ばれて、この日照りの村にやって来た。ところが、そこは宇宙の根源的リズムから外れた場となっていた。秩序が乱れていたのです。そこで彼は小屋に閉じこもり、彼自身の内側の最《もっと》も深みに降《お》りてゆき、神の懐《ふところ》、魂の故郷《ふるさと》に戻ったわけです。ここで重要なことは、彼は雨を降らせようとして降らせたのではなく、タオから外れてしまった自分をタオに帰らせようとしただけであったと言っていることです。

彼は、そこの秩序の乱れに気分が悪くなったのでしょう。彼が自分をタオの状態に帰そうとしたのは、彼にとっては本能とも言うべきごく自然な欲求でした。塩分を取り過ぎた場合に、自然に喉《のど》が渇《かわ》き、無性《むしょう》に水が飲みたくなるのと変わりがありません。彼には、そこの秩序の乱れが耐《た》え難《がた》いものに感じられたのです。彼が自らの心を調和させ、神から発《はっ》せられる響《ひび》きと一体になったとき、結果として、はからずもその場に宇宙の秩序が取り戻され、雪が降ったというわけです。

頼りとしたのは、自分の感じ方、内なる尺度、内なる感覚だけです。

自分が今、宇宙の叡智《えいち》から外れているのか否《いな》か、自分の意志と宇宙の意志とは一致しているのか否かを感じとる、内なる羅針盤が確かでなければならないということです。それは魂の弁別力《べんべつりょく》とも深く関わるのです。

意義あることだから、正しいことだからそうすべきであるという外的価値判断では、来たるべき時代を切り拓くことはできません。そうではなく、そうせずにはいられないといった率直《そっちょく》な魂の動向によって生きること、魂の中心から立ちのぼる不滅《ふめつ》の意志のエネルギーを引き出す、そのような新しい生き方を始めるときが来ているのです。

宇宙は人間との響働《きょうどう》を待っていた

この話の中でもう一つ注目すべき点は、一人の老人の心の動きと天空《てんくう》の動きの一致です。人間の意識と自然界、ミクロコスモスである人間とマクロコスモスである宇宙は、論理を超えた共振を起こすのです。

一人ひとりの心は、宇宙全体と響《ひび》き合っているということです。かの老人の心が自然と響き合ったように、私たち自身が自然と響き合い、世界と響き合い、宇宙と響き合っている。たとえ地上に人間が五十億人いても、一人ひとりが宇宙と一対一に響き合い、人間全体とも一対一に響き合っている。

つまり宇宙は、私たち人間からの呼びかけに応《こた》えてくれるのです。

宇宙は無言でも沈黙《ちんもく》していたのでもなかった——。

私たち人間がその波動をキャッチすべくチャンネルを合わせるなら、驚《おどろ》くほどありありと、その真実の姿を現わします。まるで霧《きり》が晴れたように、世界は瑞々《みずみず》しく光輝《かがや》いて見え始めるのです。

人間が智慧《ちえ》を尽《つ》くして、宇宙の営《いとな》みに自分を投げ込《こ》んでゆくとき、そこに生じる縁起《えんぎ》は想像を超えたものなのです。

なぜなら、先にも述《の》べたように、私たちがそういう結びつき、絆《きずな》を持っているからです。私たちの魂は、宇宙の意志からの呼びかけを受けとることのできる次元に属《ぞく》しています。

そのように宇宙と響き合うことのできる魂を抱《いだ》いていること、それこそ人間が人間たる所以《ゆえん》ではないでしょうか。人間が宇宙の中で果《は》たすべき使命もそこにあるということです。

宇宙との響働――それは、宇宙意志と私たち個人の意志との調和であり、融合《ゆうごう》であり、一体化です。これは長い間、人類にとっての深く強い憧《あこが》れでした。そしてこれからも、やむことなく求め続けられるでしょう。

人間の歴史を眺《なが》めてみるなら、ありとあらゆる営みが、実は宇宙との響働へと向かうものであったように私には思われます。

星を眺めることも、田畑《たはた》を耕《たがや》すこと、歌を歌ったり踊《おど》ること、絵を描《か》くこと、あらゆる学問や研究をすることも、人間がひかれてきたことの先には、常にその隠《かく》れた目標があったのではないでしょうか。

宇宙と一つになるためには、専一《せんいつ》にそれのみを求める修行《しゅぎょう》も数々開発されてきました。仏教やキリスト教を始めとする多くの宗教は、長年の試行錯誤《さくご》のうちに、その修行法を編《あ》み出してきています。

仏教では、八正道《はっしょうどう》という身《しん》・口《く》・意《い》の三業《さんごう》を整《ととの》えてゆく修行の道を説《と》いています。これは正見《しょうけん》、すなわち、あるがままに見るところから始まり、正しく思うこと、正しく語ることなどを通して、鈍《にぶ》くなった魂の力を取り戻《もど》し、人間としての本性を蘇《よみがえ》らせようとする道です。

肉体的な感覚を鍛《きた》えることを中心にするもの、宗教的感情に自らを一致させてゆくもの、現実を如実《にょじつ》に見る思考を引き出そうとするもの、徹底した献身奉仕《けんしんほうし》の実践。あるいは、瞑想《めいそう》や内なる対話、祈りによって内なる道を辿《たど》ってゆくものなど様々ですが、いずれもが内なる意志を目覚《めざ》めさせようとしてきたものです。つまり、真の主体性に目覚めなければ、宇宙との合一《ごういつ》、融合《ゆうごう》の道は始まらないということなのです。

それは容易なことではありません。時には、生死を賭《か》けるような厳《きび》しい修行になることも少なくなかったのです。

それほどに人は、その道を求めずにはいられないということなのです。

サイレント・コーリングに導《みちび》かれて

この本を終えるにあたって、サイレント・コーリングを発信する源《みなもと》である神の存在について、最後に触《ふ》れておきたいと思います。

宇宙との響働《きょうどう》に憧《あこが》れながらも、その宇宙の意志とも言うべき神に対して、人間は矮小化《わいしょうか》したとらえ方をしているのではないでしょうか。どうしても、自分たち人間の延長線上に神をとらえてしまう傾向があるということです。

神秘《しんぴ》体験を得た人々が口を揃《そろ》えて語るように、神秘なるものに触《ふ》れたその瞬間のことを言葉で表現することはできません。圧倒的な輝《かがや》きと力の前で、一切《いっさい》の言葉を失うのです。ほんの数秒のことでありながら、そこには無限の時間が折りたたまれているような、そして、ありとあらゆる疑問が瞬時《しゅんじ》にして氷解《ひょうかい》してしまうような感じがします。

その時、自分、時間、空間、通念、劣等《れっとう》感、優越《ゆうえつ》感……、絶対だと思っていた概念の世界や言葉が示す世界観が一切吹き飛んでしまうのです。この世界を遥《はる》かに超えた、もう一つの次元があることは確かなのです。

私たち人間の存在の故郷《ふるさと》は、そこにあります。誰《だれ》もがそこからやって来て、そこへ還《かえ》る存在です。意識しようとしまいと、信じようと信じまいと、私たちはその大いなる存在に生かされ、慈《いつく》しまれ、愛されているのです。一人残らず宇宙の子であり、いわば神の子なのです。在《あ》りとし在るもの、生きとし生けるものとともに、こうして生きていること自体、その証《あかし》でしょう。

けれども私たち人間は、それが信じられず、確かな徴《しるし》、眼に見える証を求めてしまいます。「正直に生きているのに、こんな目に遭《あ》うなんて……」とか、「あんないい加減な人間がいい想いをするなんて……」などと不満を抱《いだ》き、はっきりとした疑問への答えや報酬《ほうしゅう》と評価を要求するのです。

ではもし、神が、まるでゲームの審判《しんぱん》のように、日々私たちの行為や想念の一つ一つに、是《ぜ》か非《ひ》かの判定を下《くだ》したり、あからさまに答えを出すような存在であるなら、人間はどうなるでしょうか。

確かに迷い苦しむことも悩むこともないかもしれません。眼に見えてはっきりと評価されれば嬉《うれ》しいでしょう。けれどもそうなったら人は、自分で考えようとするでしょうか。神に依存し、その顔色を窺《うかが》い、気に入られるように生きるロボットになってしまいはしないでしょうか。

神の姿が容易には見えないから、簡単にはその声を聞くことができないからこそ、人は見えざるものに眼をこらし、沈黙《ちんもく》のしじまに耳を傾《かたむ》ける。極《きわ》みまで努力し、考える。そして、信じることや祈ることを知るのです。

神がすぐに答えを与《あた》えられないからこそ、人間は幾度《いくど》も幾度も問いかけを発《はっ》する道のりに、魂を深化させることができるのです。「なぜ」「どうして」と迷い、傷《きず》つきながらもやがて、自ら解答を見出《みいだ》す日が来ることを信じて、神は待っておられるのです。大いなるもののはからいは、本当に人智《じんち》を超えています。

善行《ぜんこう》を施《ほどこ》した人間の上にも、悪行《あくぎょう》の限りを尽《つ》くした人間の上にも、等しく陽光《ようこう》は照《て》り輝き、雨は潤《うるお》いを与える——。

道を極めた覚者《かくしゃ》が亡《な》くなろうと、極悪非道《ごくあくひどう》な罪人《ざいにん》が死刑に処《しょ》せられようとも、太陽は変わることなく、東から出て西に沈《しず》み、四季の巡《めぐ》りが狂《くる》うこともありません。狭量《きょうりょう》な人間のように、単純に賞罰《しょうばつ》を下したり、差別することなど全くないのです。

何という圧倒的な包容力《ほうようりょく》でしょうか。こうした人間の営《いとな》みを遥《はる》かに超えた、大いなる眺《なが》めは、厳粛《げんしゅく》、かつ安らかで、私の心を温《あたた》かいもので満たさずにはおきません。

いついかなる時にも、再生の土壌《どじょう》は幾重《いくえ》にも用意されています。生々流転《せいせいるてん》の生命の大河《たいが》の中に、私たちは生かされているのです。

だからこそ、私たちはそうした世界に自らを委《ゆだ》ねることができるのではないでしょうか。

その大いなるまなざしの次元で見るなら、私たちのこの人生も、未完の長編小説の一章分にすぎません。この一章は前世《ぜんせ》の続きでもあり、来世《らいせ》への階段です。いかなる失敗があろうと、いかなる挫折《ざせつ》をしようとも、次の展開も、その結末もわからない。答えは遥か先の転生《てんしょう》で初めて現われるのかもしれないのです。

私たち人間は、広く大きな神の御手《みて》の中を歩む、永遠の旅人です。光と闇《やみ》が混在するこの世界の現実に、ただ一筋の願いを刻《きざ》んで飛び込《こ》んできた魂です。

それゆえに、私たちには、この人生だからこそ果《は》たすべき「人生の仕事」があります。自らと世界のために、与えられたこの生命、働ける限り働きたいと思うのです。

人生を導く呼びかけ、サイレント・コーリングの響《ひび》きとともに歩む道、それは遥かな道かもしれません。

けれども、一筋の道がはっきりと見えてくるでしょう。あなたが歩むべき道です。そして、どんなささやかなことにも喜びを見出し、どんなつらいことにも意味を見出すことができるようになるはずです。

日常の何でもない出来事や人と人との出会い、そして生きているという、このこと自体が、実は限りない神秘《しんぴ》と不可思議《ふかしぎ》に満ちていたということに目覚《めざ》めるでしょう。現実にこそ、応えるべき呼びかけが届《とど》いているのです。

人間と人生に張《は》り巡《めぐ》らされていた無数の因縁《いんねん》の糸や、業《カルマ》の流れ、遥か彼方《かなた》から現われては消え、消えては現われながら、織《お》り込まれていた運命の伏線《ふくせん》が、はっきり見えてくるでしょう。それはもう、魂の覚醒《かくせい》です。

新しい文明の扉《とびら》を開く鍵《かぎ》は、一人ひとりの手の内に握《にぎ》られているのです。

参考文献

セシル・U・スミス『フロレンス・ナイチンゲールの生涯』（武山満智子、小南吉彦訳）現代社、一九八一年
アルベルト・シュヴァイツァー『わが生活と思想より』（竹山道夫訳）白水社、一九六一年
ルドルフ・ヘス『アウシュヴィッツ収容所』（片岡啓治訳）サイマル出版会、一九七二年
ウィリアム・シェークスピア『オセロー』（福田恆存訳）新潮社、一九七三年
早乙女勝元編『母と子で見るアウシュビッツ』草の根出版会、一九八三年
別枝篤彦『戦争の教え方』新潮社、一九八三年
シモーヌ・ヴェーユ『根をもつこと』シモーヌ・ヴェーユ著作集Ｖ（山崎庸一郎訳）春秋社、一九六七年
アンリ・デュナン『ソルフェリーノの思い出』（木内利三郎訳）日赤出版普及会、一九六九年
ヨーハン・P・エッカーマン『ゲーテとの対話』（山下肇訳）岩波書店、一九六八年
空海『文鏡秘府論』弘法大師空海全集第５巻（興膳宏訳注）筑摩書房、一九八六年
バーバラ・ハナー『評伝ユング』（後藤桂珠、鳥山平三訳）人文書院、一九八七年

本書は、一九九一年、三宝出版より刊行された。

著者プロフィール

高橋佳子(たかはし けいこ)

一九五六年、東京生まれ。

幼少の頃より、人間は肉体だけではなく魂を抱く存在であることを体験し、「人は何のために生まれてきたのか」「本当の生き方とはどのようなものか」という疑問探求へと誘われる。真理〈神理〉探求と多くの人々との深い人間的な出会いを通じて、新たな人間観、世界観を「魂の学」(TL人間学)として集成。現在、積極的に執筆・講演活動を展開し、「魂の学」に基づいて経営・医療・教育・芸術など様々な分野の専門家の指導に当たるほか、GLAでは、あらゆる世代の人々に向けて数々の講義やセミナーを実施しながら、魂の次元に触れる対話を続けている。『*Calling* 試練は呼びかける』『12の菩提心』『運命の方程式を解く本』『新・祈りのみち』『あなたが生まれてきた理由』(いずれも三宝出版)など著書多数。

SILENT CALLING
サイレント・コーリング 21世紀衝動

二〇一〇年四月十九日　初版第一刷発行

著者　高橋佳子
発行者　高橋一栄
発行所　三宝出版株式会社
〒一一一-〇〇三四　東京都台東区雷門二-三-一〇
電話　〇三-五八二八-〇六〇〇　http://www.sampoh.co.jp/
印刷所　株式会社アクティブ
装幀　N.G.INC.

ISBN978-4-87928-059-6

魂が最高に輝く生き方
12の菩提心
高橋佳子 著
12の新しい生き方の提案
月 火 空 山 稲穂 泉 川 大地 観音 風 海 太陽

いつも、
あなたのそばに。
そして、
たいせつな人へ。

高橋佳子著

新 祈りのみち

至高の対話のために

「いついかなる時も、私たちが自ら自身に立ち還ることができるように――。
孤独感や虚しさが癒され、降りかかるどんな厳しい現実に対しても、
勇気を持って引き受けることができるように――。
そして、常に私たちに呼びかけられている大いなる存在・神の声に
耳を傾けることができるように――。
そんな願いから、本書は生まれました。いわば、人生の同伴者とでも申しましょうか、
嬉しいときも悲しいときも、あなたの傍らに置いて人生の道を歩んでいただけたら、
何よりの幸せです。（「はじめに」より）

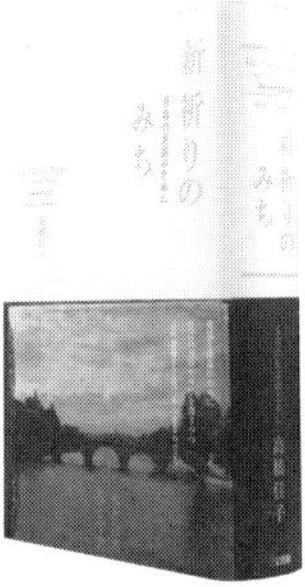

内容の一部（目次より）

- ○怒りが湧き上がるとき
- ○憎しみ、恨みにとらわれるとき
- ○他人を責めたくなるとき
- ○自信が持てないとき
- ○孤独感・寂しさに襲われたとき
- ○不安と恐怖を抱くとき
- ○欲得の衝動に突き動かされるとき
- ○比較・競争にとらわれるとき
- ○嫉妬を感じるとき
- ○他人に合わせたくなるとき
- ○怠惰に流されるとき
- ○何をしたらいいかわからないとき
- ○病苦を受けとめるために
- ○婚儀のときの祈り
- ○老いを感じたとき
- ○葬儀に臨んでの祈り
- ○大自然・生きとし生けるものへの祈り
- ○「菩提心発掘」のための祈り
  ――十二の菩提心を育む

……

小B6判上製816頁　定価2,500円（本体2,381円＋税）